职业生涯规划

主　编　何李媛　管小青　张锦堃
副主编　安新德　郑雪柳　侯汝佳

版权专有　侵权必究

图书在版编目（CIP）数据

职业生涯规划 / 何李嫒，管小青，张锦堃主编 . —北京：北京理工大学出版社，2019.7重印

ISBN 978-7-5682-4068-0

Ⅰ . ①职… Ⅱ . ①何…②管…③张… Ⅲ . ①职业选择 – 职业教育 – 教材　Ⅳ . ① G717.38

中国版本图书馆 CIP 数据核字（2017）第 163203 号

出版发行 / 北京理工大学出版社有限责任公司
社　　址 / 北京市海淀区中关村南大街 5 号
邮　　编 / 100081
电　　话 /（010）68914775（总编室）
　　　　　（010）82562903（教材售后服务热线）
　　　　　（010）68948351（其他图书服务热线）
网　　址 / http：//www.bitpress.com.cn
经　　销 / 全国各地新华书店
印　　刷 / 定州市新华印刷有限公司
开　　本 / 787 毫米 × 1092 毫米　1/16
印　　张 / 10
字　　数 / 190 千字
版　　次 / 2019 年 7 月第 1 版第 3 次印刷　　　　　责任校对 / 周瑞红
定　　价 / 29.00 元　　　　　　　　　　　　　　　责任印制 / 边心超

图书出现印装质量问题，请拨打售后服务热线，本社负责调换

前言 Preface

  《职业生涯规划》是职业学校学生必修德育课。本课程以邓小平理论、"三个代表"重要思想为指导，贯彻落实科学发展观，对学生进行职业生涯教育和职业理想教育。其任务是引导学生树立正确的职业观念和职业理想，学会根据社会需要和自身特点进行职业生涯规划，并以此规范和调整自己的行为，为顺利就业、创业创造条件。本教材根据《中等职业学校职业生涯规划大纲（2014年修订）》编写而成，共五个单元，14个主题，是中等职业学校教育课程改革国家规划教材。

  本教材致力于在引导中职学生了解自己所学专业与生涯发展关系的基础上，热爱自己即将从事的职业；在指导中职学生掌握职业生涯规划有关知识和设计方法的过程中，着力于引导中职学生把自己的生涯发展与全面建设小康社会联系起来，树立奋发向上的自信心，增强中职学生全面提高自身综合职业素质和职业能力的自觉性；在帮助中职学生了解职业生涯规划与就业、创业的关系的基础上，以实事求是、发展变化的思维方式对待自己的生涯规划，用科学发展观来指导生涯发展，引导中职学生以成功者的心态走上社会。

  本教材图文并茂、语言通俗，用深入浅出、贴近中职生的语言表述，按职业生涯规划、管理顺序展开。通过案例引出单元要解决的问题。主题中设置了目标导航、探索活动（说一说、写一写、读一读等形式）、知识链接、案例分析及练习与拓展等栏目，使中职学生掌握职业生涯规划的基础知识和常用方法，树立正确的的职业理想和职业观、择业观、创业观以及成才观，形成职业生涯规划的能力，增强提高职业素质和职业能力的自觉性，做好适应社会、融入社会和就业、创业的准备。

  本书由何李媛、管小青、张锦堃3位主编，具体编写情况如下：何李媛负责第一单元、第三单元；管小青负责第二单元、第四单元；张锦堃负责第五单元，并同时负责全书的统稿和定稿。

前言

在编写过程中,我们参考和借鉴了同类教材,参阅了国内外学者的专著、学术论文等研究成果,除注明出处的部分外,限于体例未能一一说明,给予大力支持与帮助,在此,一并致以衷心感谢。

由于编者水平有限,加上时间仓促,书中疏漏与不妥之处在所难免,敬请有关专家和读者批评指正。

编 者

2017年8月

目录 Contents

第一单元　职业生涯规划与职业理想 001
　主题 1　面向未来的职业生涯规划 003
　主题 2　职业理想 020

第二单元　职业生涯发展条件与机遇 035
　主题 3　发展要从所学专业起步 037
　主题 4　发展要立足本人实际 048
　主题 5　发展要善于把握机遇 060

第三单元　职业生涯发展目标与措施 068
　主题 6　确定发展目标 070
　主题 7　构建发展阶梯 080
　主题 8　制定发展措施 088

第四单元　职业生涯发展与就业创业 098
　主题 9　正确认识就业 100
　主题 10　做好就业准备 107
　主题 11　创业是就业的重要形式 116

第五单元　职业生涯规划管理与调整 125
　主题 12　管理规划，夯实终身发展基础 127
　主题 13　调整规划，适应发展条件变化 138
　主题 14　科学评价职业生涯发展 147

第一单元　职业生涯规划与职业理想

寄语

年轻的我们做过很多选择，这次，我们选择了职业学校。这是一个培养人才的地方，别怀疑！在这里，我们调整自己，思考未来，规划自己的职业生涯。我们将心中的理想放飞，向着目标奋斗，坚定不移。我们将自己蓬勃的朝气注入社会，注入国家，让中国梦在我们脉搏的跳动中——实现！

案　例

尤玮：由中职生成长为"2007年上海十佳讲解员"

尤玮，中共二大会址纪念馆的一名讲解员。学习档案管理专业的她，在2001年毕业后来到博物馆从事文物管理工作，在领导的鼓励下，她从幕后走到了台前，成为一名讲解员。她从一名普通的中职生迅速成长为"2007年上海十佳讲解员"、中共二大会址纪念馆宣教部主任。

1998年中考，尤玮被上海市信息管理学校图书情报管理专业录取。和其他同学不同的是，尤玮没有丝毫的挫败感，她回忆道，考大学是为就业，读职校一样可以找到合适的岗位，与其郁郁终日说什么大志难筹，不如踏踏实实走好脚下的路。从踏入中职校门的那一刻起，她便告诉自己，这里是一个新的起点，一样可以实现人生目标，只不过需要将自己的人生方向进行一点点调整。

参加辩论赛、演讲比赛，担任文学社社长……入学后，尤玮积极参加学校的各个社团活动，锻炼自己各方面的能力，不断学习如何与人交往、如何组织活动。尤玮坦言，参加各种活动，有失败也有成功，让她渐渐明白，对自己有帮助的不是结果，而是有这段活动的经历和过程。2002年，鲁迅纪念馆需要招聘一位讲解员，前来应聘的学生都是一些名牌大学的学生，甚至还有多位研究生前来应聘。面试者需现场讲解鲁迅纪念馆，并接受面试官的提问。此时，站在一旁做志愿者的尤玮胆怯地问道："可以给我一次面试机会吗？"现场的面试官说，可以啊，你就来试试吧！一段声情并茂的讲解后，面试官决定破格录用这位中职学生。此后她怀着一颗炽热的心，不断学习业务知识，给自己充电。正是因为喜爱这份职业，她任劳任怨、勤勤恳恳地从零开始，从对讲解员一无所知到颇具名气。2007年，尤玮荣获"上海十佳讲解员"称号。

思考：

1. 尤玮在校期间是怎样规划自己的人生并不断提高职业素质的？
2. 面试官为什么决定破格招聘尤玮？

▶▶▶ 本单元要解决的问题

1. 什么是职业生涯规划？职业生涯规划有什么重要性？
2. 职业理想有什么作用？如何进行职业生涯规划？

主题1 面向未来的职业生涯规划

目标导航

1. 走近职业，了解职业的内涵。
2. 透视职业生涯，把握职业生涯发展阶段的特点。
3. 了解职业生涯规划，理解职业生涯规划的作用。

说一说

下面卡通人物图片中的人物是从事什么职业的，请说一说他们都需要掌握什么样的职业技能？

一、职业

人无业不立，职业是人生之本。社会是由不同职业组成的机器。每个人都要在社会上寻找一份职业，大家进入职业学校的大门学习职业技能，为的是将来步入社会，谋取一份职业。今天，我们就一起来认识一下开启生存、发展之门的钥匙——职业。

谈一谈

1. 爸爸、妈妈从事什么职业？
2. 你还知道有哪些职业？你想从事什么职业呢？

（一）职业的内涵

"职业"这个词在我们日常生活中并不陌生，比如护士、医生、教师、警察、司机等，都是具体某种职业的从事者。

【名言】
工作就是人生的价值、人生的欢乐，也是幸福之所在。
——罗丹

职业是个人在社会中所从事的有稳定收入的工作，既是人们实现人生价值、为社会做贡献的舞台，也是人们谋生——在社会中生存、发展的手段。

从以上的各种定义，我们不难看出职业包含以下几层含义：

1. 职业是具有一定的专门技能的工作

职业是指需要具有一定的专门技能才能执行的工作，是随社会不断地分工而产生出现的。在社会分工越来越细的情况下，职业门类也越来越多，如农业、工业、教育、卫生、演员、新闻等。职业同时体现了人们从事某种专业活动时所担当的角色，如农民、工人、教师、医生、记者、作家等，都表示了不同的职业从事者所担当的角色。

2. 职业是一项具有一定时间性和规范性的活动

所谓时间性是指职业作为一种社会分工所必备的稳恒性。对于某人偶然或短期从事某项业务，不能算是职业活动，职业活动必须具有长期连续性。"规范性"是指每种职业活动都有它的行业规矩和一定的行为规则、特点，如工人上班不允许迟到，商店营业员必须站立服务，财务工作中会计与出纳必须严格分开等，从事各行各业的人员必须按一定规范行事。

3. 职业强调服务性和功能性

职业活动强调其服务性和功能性，即创造出相应的社会价值或经济价值，是劳动者从创造的价值中取得自己应得报酬的活动。

> **说一说**
> 1. 教师劳动创造了什么价值？
> 2. 学生是职业吗？为什么？

（二）职业的基本特征

从以职业内涵分析不难看出，职业有以下基本特征：

（1）稳定的收入。通过职业带来合法的收入，从而改变你的生存环境，提高你的生活质量。

（2）责任的担当。工作就意味着承担责任。销售农药的业务员答应了准时送货，如果不能及时把农药送到农民手里，就会影响庄稼收成，造成严重后果。

（3）理想的实现。人要活得有意义有价值，实现人生价值、完善自我，并不难也不复杂，就是要不断地充电，提高个人修养和能力去实现理想抱负，而理想的实现必须依靠工作。

（4）社会的发展。职业的发展可以促进社会的发展。当你意识到你的工作可以促进社会发展时，你会有成就感，会感到自豪。

说一说

请结合职业特点谈谈教师、医生等职业有什么责任，促进了社会哪些方面的发展？

（三）职业的重要性

职业活动是人生存、生活的根基。职业是个人在社会中从事的、有稳定收入的工作，既是人们实现人生价值、为社会做贡献的舞台，也是人们谋生，在社会中生存、发展的手段。

众所周知，职业是人们生存和发展的基本途径，是实现人生价值的主要舞台，探究职业对每个劳动者的作用，有以下三个方面：

1. 职业是人们得以生存的手段

这一作用主要表现在人们必须通过参加社会劳动来获取生存必需的生活资料。职业生活就构成了人生的重要部分，在现实社会中，劳动的目的是为了取得一定的报酬来作为生活资料的来源。人们通过参加一定职业岗位的劳动，换取劳动报酬，满足谋生的需要，并积累个人的财富，人类社会的生存与发展都是基于劳动创造实现的。没有社会中每个人的劳动创造，个人会失去生活来源，也就没有人类社会今日的进步与发展。

2. 职业是塑造个性和实现自我价值的舞台

每种职业都有其独特的劳动成果，对从业者在生理和心理等方面都有特定的要求。人们通过参加职业活动，就是不断地让一个自然人变成一个职业者，逐步形成并不断发展与完善自我的个性。随着从业时间的增加，从业者的智力、体力、知识与技能水平都有长足的发展与提高，从而满足了其自我价值实现的需要。

3. 职业是实现社会价值的重要途径

现代社会的劳动者有着十分明显的分工。一个人只能从事某种具体的劳动，不可能同时从事直接生产其所需的全部生活资料的各种劳动，劳动者只有通过各自劳动成果的交换，才能满足各自的需要。在这种平等的相互交换劳动成果的过程中，既体现了劳动者为他人服务的程度，又可衡量出劳动者对社会和国家所做贡献的大小，从而实现其社会价值。职业的本质是劳动力与生产资料的结合，它体现着人与人之间的社会关系。所以说，职业劳动在为个人获得谋生的生活资料的同时，也为社会创造了财富。

案　例

感动中国十大人物：木拉提·西日甫江

木拉提·西日甫江，是新疆和田地区的一名公安民警，曾荣立个人二等功两次，个人三等功四次。早在中国人民公安大学读书期间，木拉提就多次参与警方的反恐行动，担当卧底和翻译。从警十四年来，木拉提·西日甫江始终坚持战斗在打击暴恐犯罪活动第一线，用热血和行动保护了人民群众的生命财产安全与社会的和谐稳定，被当地群众誉为大漠"猎鹰"（维吾尔语的尊称，传说中老百姓的守护者）。

2014年4月，木拉提获得重要情报，一伙隐藏在和田农村的暴恐分子，正在秘密制造大批炸弹，准备实施多点连环袭击。秘密侦查发现，暴恐分子有很强的反侦查意识，布置了大量机关，还在制爆窝点的内部和周边预埋了遥控启爆的炸药，事情一旦败露，就打算和警察同归于尽。情况紧急，木拉提和战友们没有犹豫，在摸清位置、确定时机后，果断行动，击毙了歹徒。当场搜出了200多枚自制炸弹的成品和半成品，其中包括杀伤力巨大的汽油炸弹和人体炸弹。

和田是暴力恐怖斗争的前沿阵地，面对艰巨繁重和复杂危险的维稳任务，木拉提·西日甫江与犯罪分子机智周旋、斗智斗勇，先后数十次将暴恐犯罪活动打击在预谋之中。

战友的牺牲、亲人的牵挂让木拉提更加坚定。他说，我们的这个工作背后，是美好的一个未来。因为我们热爱我们的祖国，热爱我们的新疆。

思考：
木拉提·西日甫江在平凡的工作岗位上实现了怎样的社会价值？

> 做一做

下列属于职业的有（　　）

1. 职业球员
2. 小偷
3. 公务员
4. 演员
5. 走私、贩卖毒品
6. 职业军人

二、职业生涯

人的生存生活离不开职业，职业是人生发展的载体。既然职业如此重要、职业生涯与人生如此密不可分，可以说人生的过程就是职业生涯的发展过程。我们职校生有必要深入了解职业生涯发展阶段过程，从而指导我们在职业发展的道路上越走越好！

【名言】

在职业发展的道路上，重要的不是你现在所处的位置，而是迈出下一步的方向。

——程社明

> 说一说

人的一生可以分为几个年龄段，你现在处于人生什么阶段？

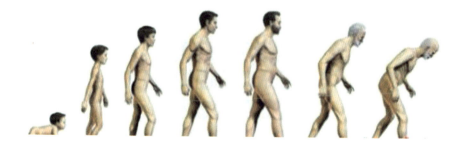

知识链接

半个世纪之前，人类的平均寿命只有50岁，20世纪的90年代已经达到75岁。21世纪之初的生命科学认为：人的基因工程寿命完全可以达到180岁以上。至少在50年内，平均寿命可以达到100岁左右。这样，过去对人生道路的简单划分，就不适用了。

（一）职业生涯

生涯就是人的生命意义实践的历程，也意味着人的一生所有的生活内涵。换而言之，生涯是指一个人一生中所从事的工作，所担任的职务、角色的总和。

职业生涯是指一个人一生的职业历程，即一个人一生职业、职位的变迁及职业理想的实现过程。

案　例

巨人姚明的职业生涯

姚明，1980年生于上海市徐汇区，祖籍吴江震泽。中国篮球运动员。

1998年4月，他入选王非执教的国家队，开始篮球生涯。2002年，他以状元秀身份被NBA的休斯敦火箭队选中。2003年至2008年连续六个赛季入选NBA西部全明星阵容。2009年，姚明收购上海男篮，成为上海大鲨鱼篮球俱乐部老板。2011年7月20日，姚明正式宣布退役。2013年，姚明当选为第十二届全国政协委员。

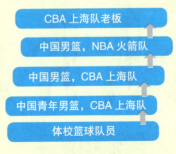

思考：
姚明的职业生涯经历了哪些职位变迁，给你什么启示？

（二）职业生涯的特点

职业生涯也和其他事物一样，有它自身的规律和特点，认识它可以更好地帮助我们进行职业生涯设计。

1. 独特性

每个人的职业生涯都有自己的特点，拥有自己的目标，欣赏自己的选择，不妄自菲薄，不怨天尤人，把自己的潜能发挥到极致，就可以实现自己的目标。社会有很多分工，只要认识你自己，找到你自己感兴趣的，就可以乐在其中。

我们经常和别人比，却忘记了自己真正要的是什么。每个人都应该走自己不同的路，做自己想做的事，拥有自己想拥有的人生。

> **谈一谈**
>
> 你的职业发展道路与其他同学会有什么不同？

2. 发展性

职业生涯是一个人一生连续不断的发展过程。正像春种秋收一样，生长是必然的，而由于种种原因收获的多少会有很大的差异。发展性在职业生涯中的表现是多方面的。

随着时间的推移，不管你自己是否愿意，每个人都会以不同的程度在这个过程中成熟起来。有明确目标和强烈进取精神的人会成熟得快一些、好一些，否则就成熟得慢一些、差一些。人们通过持续不断地增强个人修养来全面提升自己，使自己慢慢地成长起来；通过一个个人生目标的实现来促进个人价值的提升，去承担越来越重要的社会角色；通过有效的技能训练来提高自己的职业化水平，使自己成为某一方面的专家。个人职业生涯发展的结果是整个社会的进步和发展。

> **说一说**
>
> 说说你未来人生打算，怎样发展自己？

3. 阶段性

与人的自然生长规律相一致，职业生涯的发展具有阶段性。这种阶段性一般以工作年限为主要特征，而且每一个阶段都会表现出不同的特点来。除了准备阶段以外，每个阶段都以岗位工作为中心展开，并表现出各阶段的不同。各阶段之间并不是并列关系，前一阶段的状态是后一阶段的基础，前一阶段的状态越好，后一阶段的状态才可能达到，才会越好。

前后阶段的接续关系无论是趋好还是趋坏，一般是递进的。因而，注意职业生涯发展的阶段性，高质量顺利地完成各阶段的任务对职业生涯的持续发展就显得非常重要。

> **说一说**
>
> 要想成为一名高级技师需要经历哪些发展阶段？

4. 整合性

职业生涯涵盖了人生整体发展的各个方面，并非仅仅局限于工作或职位。每个人在职业生涯发展过程中或者从事某项工作时，不是孤立地干工作，而是与自己的家庭、业余生活等紧密地联系在一起。每个人所从事的工作，往往决定他的生活状态，而且职业与生活两者之间又很难区别。

胡适先生说：人与人的区别在于八小时之外如何运用。有时间的人不能成功，挤时间的人才能成功。八小时之内决定现在，八小时之外决定未来。什么样的想法决定什么样的生活。

> **谈一谈**
>
> 顶岗实习时，你会选择工作报酬高的岗位，还是有利于将来发展的岗位呢？

5. 互动性

个人的职业生涯是个人与他人、个人与环境、个人与社会互动的结果。人是社会关系的总和，人不能脱离社会而存在。个人职业生涯的状态、职业选择的观念、职业能力的锻炼、职业信息的掌握对其他人会产生影响，好的环境能坚定个人从事某种职业的信念。社会上新职业的出现，职业需求的变化，则会使个人对自己未来职业生涯重新进行思考。

（三）职业生涯阶段

人的生存生活离不开职业，职业是人生发展的载体。

围绕职业，人的一生大致可分为三个阶段：从业准备阶段、从业阶段、从业回顾阶段

（1）**从业准备阶段**——从婴儿开始，直到完成学校的学习、开始从事某种职业以前，均属于从业准备阶段。

职校生进入学校以后的活动，几乎都是为职业生涯发展做准备的。不但为首次就业做准备，而且为今后的职业生涯发展奠定基础。

（2）**从业阶段**——从业阶段是人生的主要阶段。职业生涯长短与个人的职业能力、健康状况等有关。职业与人生的关系集中体现在两个方面：一是人们通过职业活动满足多种需要，其满足的程度反映出职业生涯发展的程度；二是人的职业活动，是一个不断学习、

不断积累、不断提升、不断发展的过程。

（3）从业回顾阶段——通常也是人生的最后阶段。此阶段人与职业的关系主要表现为两个方面：一是依靠从业阶段的积蓄，通过社会保障得到的回馈，即因从业阶段对社会贡献而得到医疗、养老方面的福利，安度晚年；二是通过回顾职业生活，以讲授、写作、聊天等多种方式，不同程度地指导和影响年轻人的职业生涯发展。

做一做

职业生涯三大阶段大致对应什么年龄段？

1. 从业准备阶段（　　　）
2. 从业阶段（　　　）
3. 从业回顾阶段（　　　）

知识链接

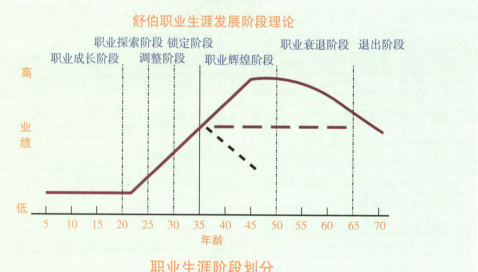

职业生涯阶段划分

1953年，舒伯根据自己"生涯发展型态研究"的结果，将人生职业生涯发展划分为成长、探索、确立、维持和衰退共五个阶段：

1. 职业成长阶段（0～14岁）

以幻想、兴趣为依据，对自己所理解的职业进行选择与评价。

2. 职业探索阶段（15～24岁）

逐步对自身的兴趣、能力以及对职业的社会价值、就业机会进行思考，开始进入劳动力市场或开始从事某种职业。成长阶段和探索阶段是职业的准备时期，是个人通过身心发展、对职业的探索和技能的学习，为今后的择业、从业奠定基础的时期。

3. 职业确定阶段（25～44岁）

对自己选定的职业进行尝试、变换工作到逐步稳定。

4. 职业持续阶段（45～60岁）

从业者在工作中取得一定成绩，积累了经验，是职业生活效益最好的阶段。确定阶段和持续阶段是职业的黄金时期。

5. 职业衰退阶段

由于受生理机能的限制，从业也力不从心，职业生涯也接近尾声或退出工作领域。

议一议

结合下面访谈案例谈谈在从业准备阶段我们要做哪些准备？

职业人物访谈录

被访谈人简介

姓名	年龄	性别	职业
王某	30岁	女	某汽车有限公司销售部主管

访谈内容：

1. 你在学生时代有进行过职业规划吗？

答：没有很具体地去制订过什么计划，但是想过以后要干什么，有目标地去学习，比如考一些证书，参加一些活动以培养自己的能力。

2. 你是如何找到这份工作的呢？

答：当时是投简历。我投了很多份简历，也面试了很多公司，最后各方面抉择，选择了现在工作的公司。

3. 你觉得这份工作需要什么样的人？

答：对销售这一行业来说，首先，要有敏锐的了解市场价格的意识；其次，对所销售的产品要有很透彻的了解，有很专业的基础知识；最后，要有良好的口头表达能力，能尽量地将所要推销的产品的优势表达给客户。当然，对每一份工作来说，热情、态度、责任心之类的基本职业素质还是要具备的。

三、职业生涯规划

古语讲，凡事"预则立，不预则废"。职业生涯活动将伴随我们的大半生，拥有成功的职业生涯才能实现完美人生。因此，职业生涯规划对我们人生的发展具有特别重要的意义。

主题 1 | 面向未来的职业生涯规划

【名言】

人生至关重要的事是有远大的目标和达到这个目标的雄心壮志。

——歌德

知识链接

科学家对 25~35 岁职场的中坚后续力量这个人群调查得知：27% 的人，没有目标；60% 的人，目标模糊；10% 的人，有清晰但比较短期的目标；3% 的人，有清晰且长期的目标。而这种调查统计的数据导致的结果是：3% 的人，后来成为白手创业者、行业领袖、社会精英。10% 的人，后来成为各行各业不可或缺的专业人士，如医生、律师、工程师、高级主管，等等。60% 的模糊目标者，几乎都生活在社会的中下层面，他们能安稳地生活与工作，但都没有什么特别的成绩。27% 的人，后来是生活不如意，常常失业，抱怨他人，抱怨社会，抱怨世界。

如果我们不进行有效合理的职场生涯设计与规划，没有明确的规划目标，看不见危机步步紧逼，那么，最后的归宿毫无悬念地可以归结到上组数据中那 60% 的人群当中。

（一）职业生涯规划的含义

职业生涯规划（career planning）简称生涯规划，又叫职业生涯设计，是指个人与组织相结合，在对一个人职业生涯的主客观条件进行测定、分析、总结的基础上，对自己的兴趣、爱好、能力、特点进行综合分析与权衡，结合时代特点，根据自己的职业倾向，确定其最佳的职业奋斗目标，并为实现这一目标做出行之有效的安排。

用最通俗的话说，生涯就是"过活"。而怎样过好一辈子，就涉及生涯选择和生涯规划的内容了。生涯规划就是指个人对自己未来发展所做出的主动的、自觉的计划与设计，是人生重要的内容，是许多人完整人格的核心，生涯规划的重要部分便是职业生涯规划。

职业生涯设计的目的绝不仅仅是帮助个人按照自己的资历条件找到一份合适的工作，达到与实现个人目标，更重要的是帮助个人真正了解自己，为自己定下事业大计，筹划未来，拟定一生的发展方向，根据主客观条件设计出合理且可行的职业生涯发展方向。

（二）职业生涯规划的重要性

每个有追求的人都会考虑：我打算怎样过我的人生？正如歌德所说，人生重要的在于确立一个伟大的目标，并有决心使其实现，一个人如果不知道自己要往哪里去，他就哪里也去不了。要实现目标首先得确立目标，职业生涯规划是人们确立目标和找到实现目标方法的步骤，是减少遗憾，使自己的人生过得成功和有意义的必然要求。具体有以下两点：

1. 能够帮助我们目标明确地发展自己

职业生涯发展要有计划、有目的，不可盲目地"撞大运"。很多时候我们的职业生涯受挫就是由于生涯规划没有做好。职业生涯规划就是为自己实现职业目标而确定行动方向、行动时间和行动方案。个人在了解自我的基础上确定适合自己的职业方向、目标并制定相应的计划，以避免就业的盲目性，降低从业失败的可能性，为走向职业成功确定最有效率的路径。

案 例

汽车大王：亨利·福特

福特在他还是一个修车工人的时候，有一次刚领了薪水，兴致勃勃地到一家他一直十分向往的高级餐厅吃饭。不料，年轻的亨利·福特在餐厅里呆坐了差不多15分钟，居然没有半个服务生过来招呼他。

最后，餐厅的一个服务生看到亨利·福特独自一个人坐了那么久，才勉强走到桌边，问他是不是要点菜。服务生从鼻孔中"哼"了一声，傲慢地收回亨利·福特手中的菜单。在服务生离去之后，亨利·福特并没有因为花钱受气而继续恼恨不休。他当下立志，要成为社会中顶尖的人物。从此之后，他开始朝梦想前进，由一个平凡的修车工人，逐步成为叱咤风云的汽车大王。

福特出生在他父母拥有的一座农庄上，他是6个孩子中的长子。他从小就对机械感兴趣。12岁时他花了很多时间建立了一个自己的机械坊，15岁时他亲手造了一台内燃机。1879年他离开家乡去底特律做机械师学徒工，学成后他进入西屋电气公司。

1891年福特成为爱迪生照明公司的一个工程师。当他1893年晋升为主工程师后,有了足够的时间和钱财来进行他个人对内燃机的研究。1896年他制造了自己的第一辆汽车,将它命名为"四轮车"。此后他与一些其他发明家离开爱迪生照明公司,他们一起成立了底特律汽车公司。

思考:

亨利·福特为什么会由一个平凡的修车工人,逐步成为叱咤风云的汽车大王?他的人生目标是什么?

2. 能够帮助我们扬长避短地发展自己

人无完人,扬长补短才能最终成功。在校期间,扬长补短,主动适应即将从事的职业的要求;择业阶段,扬长避短,要选择能让自己"扬长避短"的岗位;就业以后,扬长补短,更具晋升或转岗的发展前景。

"扬长"即根据职业生涯发展目标,有意识地厘清、挖掘并充分发挥自己的长处。"补短"即根据职业生涯发展目标,了解自己的短处,同时不断调整自己,不断缩小自身条件与发展目标之间的差距。

知识链接

齐国使者到大梁来,孙膑以刑徒的身份秘密拜见,劝说齐国使者。齐国使者觉得此人是个奇人,就偷偷地把他载回齐国。齐国将军田忌非常赏识他,并且待如上宾。

田忌经常与齐国众公子赛马,设重金赌注。孙膑发现他们的马脚力都差不多,马分为上、中、下三等,于是对田忌说:"您只管下大赌注,我能让您取胜。"田忌相信并答应了他,与齐王和各位公子用千金来赌注。比赛即将开始,孙膑说:"现在用您的下等马对付他们的上等马,用您的上等马对付他们的中等马,用您的中等马对付他们的下等马。"已经比了三场比赛,田忌一场败而两场胜,最终赢得齐王的千金赌注。于是田忌把孙膑推荐给齐威王。

齐威王向他请教了兵法,于是把他当成老师。

案 例

邱亚楠：刻苦训练 扬长补短

中国女排在国人的心目中是"团结"与"拼搏"的代名词。2003年邱亚楠入选浙江女排后，进入中国女排就成为她梦寐以求的目标。她有幸参加中国女排集训，向队友学到了良好的技术与心态，学到了不少处理球的技巧，同时，也看到了自己技战术与身体素质等方面的差距，认清了自己亟待提高的薄弱技术环节。她严格要求自己，刻苦训练，技战术水平和身体素质有了不同程度的提高。然而，由于自己身体比较单薄，进攻力量与速度比较欠缺，每次扣球用尽全力，分量还是不足，速度还是不够。由于自己不太擅长跑动进攻，所以充分利用身体灵活性好、脚下速度快的特长，练就了二三号位快速多变的进攻特点，帮助四号位减轻进攻压力，做出了自己的贡献，成为中国女排的一颗明星。

思考并讨论：

同桌彼此谈谈：从事与本专业相关职业，有哪些优势与不足，怎样扬长避短？

（三）职业生涯规划的特点

职业生涯规划具有以下特点：

1. 可行性

规划要有事实依据，并非是美好幻想或不着边际的梦想，否则将会延误生涯良机。

2. 适时性

规划是预测未来的行动准则,确定将来要达到的目标。因此各项主要活动何时实施、何时完成,都应有时间和时序上的妥善安排,作为检查行动的依据。

3. 适应性

规划未来的职业生涯目标,牵涉到多种可变因素。因此规划应有弹性,以增加其适应性。

4. 连续性

人生每个发展阶段应能持续连贯性衔接,影响个人职业生涯发展的因素主要有进取心与责任心、自信心、自我表现认识和自我表现调节、情绪稳定性、社会敏感性、社会接纳性、社会影响力。

案 例

四只毛毛虫的迥异人生

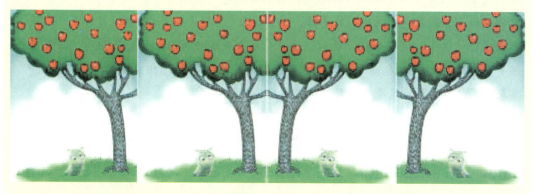

毛毛虫都喜欢吃苹果。有四只要好的毛毛虫都长大了,各自去森林里找苹果吃。

第一只毛毛虫

第一只毛毛虫跋山涉水,终于来到一棵苹果树下,它根本就不知道这是一棵苹果树,也不知道树上长满了红红的可口的苹果。当它看到其他的毛毛虫往上爬时,稀里糊涂地就跟着往上爬,没有目的,不知终点,更不知自己到底想要哪一种苹果,也没想过怎么样去摘取苹果。它的最后结局呢?也许找到了一颗大苹果,幸福地生活着,也可能在树叶中迷了路,过着悲惨的生活。不过,可以确定的是,大部分的毛毛虫都是这样活着的,没想过什么是生命的意义,为什么而活着。

第二只毛毛虫

第二只毛毛虫也爬到了苹果树下，它知道这是一棵苹果树，也确定它的"虫"生目标就是找到一个大苹果。问题是它并不知道大苹果会长在什么地方。但它猜想，大苹果应该长在大枝叶上吧！于是，它就慢慢地往上爬，遇到分枝的时候，就选择较粗的树枝继续爬。于是它就按这个标准一直往上爬，最后终于找到了一个大苹果。这只毛毛虫刚想高兴地扑上去大吃一顿。但是放眼一看，它发现这个大苹果是全树上最小的一个，上面还有许多更大的苹果。更令它泄气的是，要是它上一次选择另外一个分枝，它就能得到一个大得多的苹果。

第三只毛毛虫

第三只毛毛虫也到了一棵苹果树下，这只毛毛虫知道自己想要的就是大苹果，并且研制了一副望远镜，还没有开始爬时就先利用望远镜搜寻了一番，找到了一个很大的苹果。同时，它发现从下往上找路时，会遇到很多分枝，有各种不同的爬法。但若从上往下找路时，却只有一种爬法。它很细心地从苹果的位置，由上往下反推至目前所处的位置，记下这条确定的路径，于是，它开始往上爬了。当遇到分枝时，它一点也不慌张，因为它知道该往哪条路走，而不必跟着一大堆虫去挤破头。比如说，如果它的目标是一颗名叫"教授"的苹果，那应该爬"深造"这条路；如果目标是"老板"，那应该爬"创业"这个分枝。最后，这只毛毛虫应该会有一个很好的结局，因为它已经有自己的计划，但真实的情况往往是，因为毛毛虫的爬行相当缓慢，当它抵达时，苹果不是被别的虫捷足先登，就是苹果已熟透而烂掉了。

第四只毛毛虫

第四只毛毛虫可不是一只普通的虫，做事有自己的规划，它知道自己要什么苹果，也知道苹果将怎么长大。因此，当它带着望远镜观察苹果时，它的目标并不是一颗大苹果，而是一朵含苞待放的苹果花，它计算着自己的行程，估计当它到达的时候，这朵花正好长成一个成熟的大苹果，它就能得到自己满意的苹果。结果它如愿以偿，得到了一个又大又甜的苹果，从此过着幸福快乐的日子。

思考并讨论：
为什么第四只毛毛虫得到了一个又大又甜的苹果，从此过着幸福快乐的日子？

知识链接

舒伯生涯彩虹图

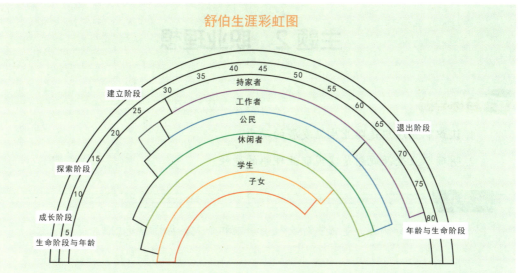

为了综合阐述生涯发展阶段与角色彼此间的相互影响，舒伯创造性地描绘出一个多重角色生涯发展的综合图形——"生涯彩虹图"，形象地展现了生涯发展的时空关系，更好地诠释了生涯的定义。在生涯彩虹图中，纵向层面代表的是纵观上下的生活空间，是由一组职位和角色所组成，分成：子女、学生、休闲者、公民、工作者、持家者六个不同的角色，他们交互影响交织出个人独特的生涯类型。

他认为在个人发展历程中，随年龄的增长而扮演不同的角色，图的外圈为主要发展阶段，内圈阴暗部分的范围，长短不一，表示在该年龄阶段各种角色的分量；在同一年龄阶段可能同时扮演数种角色，因此彼此会有所重叠，但其所占比例分量则有所不同。

 练习与拓展

一、练习

1. 什么是职业？有哪些特点？

2. 什么是职业生涯，职业生涯分为哪几个阶段？

3. 职业生涯规划有什么重要性？

二、拓展

采访一名优秀毕业生，了解他的奋斗目标和奋斗历程。你从他身上学到了什么？对你的在校生活有什么启示？

主题 2　职业理想

目标导航

1. 认识职业理想是职业生涯发展的动力。
2. 明确职业生涯规划是实现职业理想的途径。

谈一谈

你的职业理想是什么，是依据什么社会需求和个人条件而设定的？

一、职业理想及其作用

童年时我们有过很多孩子式的理想。如果有人问："你长大了做什么？"天真的我们就会歪着头想一下或是连想都不想地脱口而出：科学家、画家、工程师、飞行员……反正都是我们够不着的需仰视才见或是仰视也见不到的。今天，我们就和大家谈谈理想，谈谈职业理想。

【名言】

只有向自己提出伟大理想，并以自己全部的力量为之奋斗的人，才是最幸福的。

——加里宁

俗话说："人无志而不立。"一个人假若没有远大的理想，是不能有所作为的。一个人有了理想就好像是找到了人生努力的方向，就像迷途的扁舟发现了灯塔一样，便会为之而努力奋斗，促使自己在学习、工作过程中更加努力。

（一）职业理想

理想是人们在实践过程中形成的、有实现可能性的、对未来社会和自身发展的向往与追求，是人们的世界观、人生观和价值观在奋斗目标上的集中体现。我们要努力满足眼前的物质和精神需求，又要憧憬未来的生活目标，期盼满足更高的物质和精神需求。对现状永不满足、对未来不懈追求，是理想形成的动力源泉。

职业理想是人们在职业上依据社会要求和个人条件，借想象而确立的奋斗目标，即个人渴望达到的职业境界。

（二）职业理想的特点

1. 社会性
通过自己的职业履行对社会应尽的义务，每个职业都有其特有的社会责任。

> **说一说**
>
> 下列职业对社会应尽的义务和责任是什么？（医生、司机、警察）

2. 时代性
社会的分工、职业的变化，是影响一个人职业理想的决定因素。生产力发展的水平不同、社会实践的深度和广度不同，人们的职业追求目标也会不同，因为职业理想，总是一定的生产方式及其所形成的职业地位、职业声望在一个人头脑中的反映。因为计算机的诞生，从而演绎出与计算机相关的职业，如计算机工程师、软件工程师、计算机打字员等职业。

3. 发展性
一个人的职业理想的内容会因时因地因事的不同而变化。随着年龄的增长，社会阅历的增强和知识水平的提高，职业理想会由朦胧变得清晰，由幻想变得理智，由波动变得稳定。因此，职业理想具有一定的发展性。

4. 个体差异性
职业是多样性的，一个人选择什么样的职业，与他的思想品德、知识结构、能力水平、兴趣爱好等都有很大的关系。政治思想觉悟、道德修养水准以及人生观决定着一个人的职业理想方向。知识结构、能力水平决定着一个人的职业理想追求的层次，个人的兴趣爱好、气质性格等非智力因素以及性别特征、身体状况等生理特征也影响着一个人的职业选择。

> **谈一谈**
>
> 为什么同一个专业的毕业生后来从事的工作有很大的差异？

（三）职业理想作用

1. 职业理想对个人发展的作用
职业理想是个人对未来职业的向往和追求，职业理想是人在职业活动中，追求工作、事业发展的动力来源。

（1）职业理想的导向作用。

理想是前进的方向，是心中的目标。人生发展的目标是通过职业理想来确立，并最终通过职业理想来实现的。俄国的托尔斯泰曾说过:"理想是指路的明灯,没有理想就没有坚定的方向,就没有生活。"同学们在现阶段的学习生活中也已经深切地感受到,一旦学习目的不明确,学习的热情就会低落,学习的效果就不明显。因此,有了明确的、切合实际的职业理想,再经过努力奋斗,人生发展目标必然会实现。

(2)职业理想的调节作用。

职业理想在现实生活中具有参照系的作用,它指导并调整着我们的职业活动,当一个人在工作中偏离了理想目标,职业理想就会发挥纠偏作用。尤其是在实践中遇到困难和阻力时,如果没有职业理想的支撑,人就会心灰意冷、丧失斗志。此外,如果一个人只把自己的追求定位在找个"好工作",即便是将来有实现的可能,也不能算是崇高的职业理想,因为,这样的理想一旦实现,他就会不思进取,甚至虚度年华。总之,一个人只有树立正确的职业理想,无论是在顺境或者是在逆境中,才会奋发进取,勇往直前。

(3)职业理想的激励作用。

职业理想源于现实又高于现实,它比现实更美好。为使美好的未来和宏伟的憧憬变成现实,人们会以坚韧不拔的毅力、顽强的拼搏精神和开拓创新的行动去为之努力奋斗。周恩来12岁时就发出"为中华之崛起而读书"的誓言,表达了他从小立志振兴中华的伟大志向。从小立志,树立一个崇高的人生目标,然后为实现这个目标坚持不懈,奋斗不止,为人民、为国家做出贡献,这样的人生才有意义。

案 例

理想改变人生

三个工人在建筑工地上砌墙。有人问他们在做什么。

第一个工人悻悻地说:"没看到吗?我在砌墙。"

第二个人认真地回答:"我在建大楼。"

第三个人快乐地回应:"我在建一座美丽的城市。"

十年以后,第一个工人还在砌墙,第二个工人成了建筑工地的管理者,第三个工人则成了这个城市的领导者。

思考:
为什么三个建筑工人后来人生道路产生了这么大的差距?

2. 职业理想对社会发展的作用

(1)职业理想是社会发展的动力。

有明确职业理想的高素质劳动者是社会发展的动力。职校生是未来的劳动者,是社会发展的潜在动力。人的职业生涯像一场长跑,坚持到底并赢得胜利,需要的不仅是坚强的毅力,更是坚定的信念。职业理想是职业人的人生信念之源、动力之源。

(2)职业理想是实现社会理想的基础。

社会理想指社会全体成员的共同理想,是全体社会占主导地位的共同奋斗目标。

职业理想与社会理想的关系:社会理想是人生理想的核心、它影响和制约着职业理想。职业理想与社会理想相辅相成、相互影响。

当今时代,中国人民共同的社会理想就是实现中华民族的伟大复兴。实现中华民族的伟大复兴就是中华民族近代最伟大的中国梦,因为这个梦想凝聚和寄托了几代中国人的夙愿,它体现了中华民族和中国人民的整体利益,它是每一个中华儿女的一种共同期盼。

"中国梦"的核心目标也可以概括为"两个一百年"的目标:中国共产党成立一百周年时,全面建成小康社会的目标一定能够实现;中华人民共和国成立一百周年之时,把我国建成富强、民主、文明、和谐的社会主义现代化国家。新的时代召唤我们青年一代要为实现两个"一百年"的奋斗目标而奋发努力。

空谈误国,实干兴邦。我们要把实现社会理想与职业理想紧密联系起来,爱岗敬业,踏实工作,勇于实践,敢于创新,在平凡的工作岗位上为祖国富强、民族振兴、人民幸福做出应有的贡献。

案 例

"全国技术能手"秦毅

1998年9月，秦毅从上海沪东船厂技校焊接与装配专业毕业后，就职于沪东中华造船集团有限公司。这位"80后"，不管是酷暑严寒还是日晒雨淋，总是拿着一把焊枪勤学苦练。为了学好技术，他常常连续几个小时埋头练习，直到电焊烫得握不住才罢手。因秦毅吃饭时，也会拿着筷子模仿焊条在空中比画，"焊痴"由此得名。

不断的钻研与追求，使秦毅在实际操作中提高了自己的焊接本领，并创立了一套独特创新的仰板焊接方法，在艰苦的船舶焊接领域创造出了属于自己的辉煌。2001年1月，秦毅凭借这一绝活，在上海船舶工业公司选拔赛上以第一名的成绩胜出，并在中国船舶工业集团公司焊接比赛中勇夺第一，将"中国船舶公司技术能手"的美誉收入囊中。面对荣誉的接踵而至与焊接技术的不断提升，秦毅并没有居功自傲，而是加倍努力，主动承担起各种高、难、险、急的焊接任务。他在参加国家和地方各级焊接比赛中一路过关斩将，摘金夺银，成为沪东中华造船集团有限公司最年轻的焊接高级技师、专家型人才、"全国技术能手"，同时，他也是集团内获得由权威认证机构法国GTT公司颁发的殷瓦焊接G证的第一人。

从一名普通技校毕业生成长为高级技师和"全国技术能手"，成功的光环背后，秦毅付出的汗水是常人难以想象的。即使是在担任了生产组长后，他也十分注重整个团队水平的提高。在他的带领下，他们班组先后被评为上海市"新长征突击队"和上海市"青年安全生产示范岗"。

（浦东新区技师协会）

思考：

1. 秦毅的职业理想是什么？他个人的职业理想对社会发展起什么作用？
2. 秦毅是怎样实现他的职业理想的？

二、职业生涯规划的意义和步骤

职业目标选择对人生事业发展非常重要。职业生涯规划是实现职业理想的途径，离开了职业理想的指引，职业生涯规划就失去了方向，而离开了职业生涯规划，职业理想就会成为空中楼阁。

【名言】

确定了人生目标的人，比那些彷徨失措的人，起步时便已领先几十步。有目标的生活，远比彷徨的生活幸福。没有人生目标的人，人生本身就是乏味无聊的。

——卡耐基

（一）职业生涯规划的意义

职业生涯规划的训练有助于有目的地全面提高自身的综合素质，避免学习的盲目性和被动性；规划个人的职业生涯，可以使职业目标和实施策略了然于心，并便于从宏观上予以调整和掌控，能让自己在职业探索和发展中少走弯路，节省时间和精力；同时，职业生涯规划还能对自我发展起到内在的激励作用，产生学习、实践的动力，激发自己不断为实现各阶段目标和终极目标而奋斗。

1. 务实的规划才能把理想变成现实

（1）职业生涯规划必须务实，具有鲜明的个性，符合个人实际。

（2）目标明确，阶段要清晰，措施要具体。

案 例

小王18岁写下自己的理想："我要成为世界一流的建造师！"23岁同学聚会时，小王说："我要去500强企业里当建造师。"30岁时，小王在家乡一家施工企业里当施工员，他说："我要离开这家企业，在这里工作太没前途了。"后来他被单位辞退了。

思考：

（1）小王有职业理想吗？

（2）小王为什么实现不了自己的职业理想？

2. 规划的过程是提高自己的过程

规划职业生涯的过程，是了解自己、了解职业、了解社会的过程；是恢复自信、树立理想、形成动力的过程；是依据职业对从业者素质的要求调整自我、提高自我、适应职业岗位的过程；是为走向社会、为今后可持续发展做准备的过程；是不断发展自己、享受成功乐趣的过程。

（二）职业生涯规划的步骤

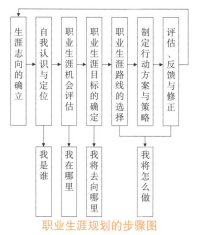

职业生涯规划的步骤图

"三期六步"中的六步是职业生涯规划的步骤。

职业生涯规划一般分为短期规划、中期规划和长期规划。短期规划为三年以内的规划，主要是确定近期目标，规划近期完成的任务。中期目标一般为三至五年，在近期目标的基础上设计中期目标。长期目标的规划时间是五年至十年，主要设定长远目标。

职业生涯规划是一个周而复始的连续过程，其过程包括确定志向、自我评估、生涯机会评估、确定目标、制订行动计划、评估与回馈六个基本步骤。

第一步：确定职业志向

志向是事业成功的基本前提。没有志向，事业的成功也就无从谈起，立志是人生的起跑点，反映着一个人的理想、胸怀、情趣和价值观，影响着一个人的奋斗目标及成就的大小。所以，在制定生涯规划时，首先要确立志向，这是制定职业生涯规划的关键，也是职业生涯规划最重要的起点。

第二步：自我评估定位

自我评估的目的是认识自己，了解自己。因为只有认识了自己，才能对自己的职业做出正确的选择。所以，自我评估是生涯规划的重要步骤之一。一般来说，自我评估包括自己的兴趣、特长、性格、学识、技能、智商以及组织管理、协调、活动能力等。

第三步：职业机会评估

职业生涯机会的评估主要是评估各种环境对自己生涯发展的影响，每一个人都处在一定的环境之中，离开了这个环境，便无法生存与成长。所以，在制定个人的职业生涯规划时，要分析环境条件的特点、环境的发展变化情况、自己与环境的关系、自己在这个环境中的地位、环境对自己提出的要求，以及环境对自己有利条件与不利条件等。只有对这些环境因素充分了解，才能做到在复杂的环境中避害趋利，使你的生涯规划具有实际意义。如组织环境因素评估包括：组织发展战略、人力资源需求、晋升发展机会等。

第四步：确定生涯目标

职业生涯目标的设定是职业生涯规划的核心。一个人事业的成败，很大程度上取决于有无正确适当的目标。没有目标如同大海中的孤舟，四野茫茫，难辨方向，不知道自己应走向何方。只有树立了目标，才能明确奋斗的方向，犹如海洋中的灯塔，引导你避开险礁暗石，走向成功。目标的设定是在继生涯路线选择后，对人生目标做出抉择。其抉择是以自己的最佳才能、最优性格、最大兴趣、最有利的环境等信息为依据，通常目标分短期、中期、长期和人生目标。

第五步：制订计划与措施

在确定了职业生涯目标后，行动变成了关键的环节。没有达成目标的行动，就不能达成目标，也就谈不上事业的成功。这里所指的行动是指落实目标的具体措施，主要包括工作、训练、教育、轮岗等方面的措施。例如，为达成目标，在工作方面，你计划采取什么措施提高你的工作效率；在业务素质方面，你计划如何提高你的业务能力；在潜能开发方面，采取什么措施开发你的潜能等，都要有具体的计划与明确的措施，并且这些计划要特别具体，以便于定时检查。

第六步：及时评估与调整

俗话说"计划赶不上变化"，有的变化因素是可以预测的，而有的变化因素难以预测。在此状况下，要使生涯规划行之有效，就须不断地对生涯规划进行评估与修订。其修订的内容包括：职业的重新选择、生涯路线的选择、人生目标的修正、实施措施与计划的变更等。

案 例

有三个人被判关进监狱三年，监狱长许诺满足每人一个要求。美国人爱抽雪茄，要了三箱雪茄；法国人最浪漫，要一个美丽的女子相伴；而犹太人要了一部与外界沟通的电话。三年过后，第一个冲出来的是美国人，嘴里鼻孔里塞满了雪茄，大喊道："给我火，给我火！"原来他忘了要火了。接着出来的是法国人。只见他手里抱着一个小孩子，美丽女子手里牵着一个小孩子，肚子里还怀着第三个。最后出来的是犹太人，他紧紧握住监狱长的手说："这三年来我每天与外界联系，我的生意不但没有停顿，反而增长了200%，为了表示感谢，我送你一辆劳斯莱斯！"

思考：
故事的寓意是什么？

做一做

设想一下未来十年在不同的生活角色上，你要完成的事情或目标是什么？你可以发挥想象力，想象未来十年里个人和社会可能发生的变化，你必须要面对的问题，以及你想要达到的目标或梦想。认真填写以下生涯规划简表：

A.如果要用一句话描述我的个性或特质，我是

B.我所具备的能力或专长是

C.我最重视的价值观或最看重的是

D.到目前为止,我生活中最大的成就是

E.到目前为止,我生活中最大的挫折是

F.我最理想的工作是

G.我最理想的生活是

H.我的长期目标是

I.我的中期目标是

J.我的近期目标是

K.这些目标从我目前的状况看来,实现的可能性

L.我目前暂时决定要做的事情是

理由是

三、中职生职业生涯规划的特点

俗语说:"三百六十行,行行出状元。"

中职生与普高生不同,中职生职业生涯规划有自身的特点。中职生职业生涯规划是一个长期的工作,应该从一年级起逐渐形成对自己进行职业生涯规划的意识,根据自我认识拟定初步职业的方向。二年级阶段可以围绕职业选择提高基本素质,打好知识基础。三年级为提高全面素质和能力,考取相关的资格证书,同时加强自身职业技能训练,成为可就业的高技能蓝领人才。

【名言】

要有生活目标,一辈子的目标,一段时期的目标,一个阶段的目标,一年的目标,一个月的目标,一个星期的目标,一天的目标,一个小时的目标,一分钟的目标。

—— 托尔斯泰

（一）中职生职业生涯规划的特点

1. 专业定向后初次就业

初中生、高中生没有专业定向，主要任务是升学，而中职生入学时就有了专业定向：确定了自己所要学的专业，一旦毕业，就将走向工作岗位。当然这种就业是初次就业，以后一定还有晋升、升学、创业发展的机会，走向更成熟更成功的阶梯。

2. 必须面对严峻的就业形势

我国是人口大国，我国的国情决定着我国将会长期存在就业问题。现在的就业难不是找工作难，而是找好工作难——报酬高的工作比较难找。因此，在规划时，职业起步不要太高。当然，要找一个工作岗位是不难的，现在沿海一带缺几十万操作工，出现严重的用工荒、技工荒现象。

知识链接

我国就业形势依然严峻

与就业增长最为密切相关的因素就是经济增长率。我国改革开放 30 多年来经济长期保持了高速增长的水平，1978—2013 年经济增长的平均增速达到了 9.8%。然而，我国宏观经济面临三期叠加，潜在增长率将明显下降，2015 年的经济增长率均在 7% 左右，预计 2016 年我国经济增速将回落至 6.5% 左右。我国经济增速回落属于向新常态的过渡，将逐步由高速回调至中高速增长平台，这种增速的放缓必然会给就业增长带来一定的压力。

未来一段时期内我国要面临经济结构和产业结构转型升级加快的问题。虽然目前我国服务业在三次产业中的比重有了很大程度的提升，但是与发达国家相比仍然有较大的差距。一方面，服务业的发展能够比农业和制造业创造更多的就业机会；另一方面，服务业劳动生产率的提高要慢于制造业，由此带来的经济增长率降低，反过来又会制约到总体的就业增长。在产业转型的过程中，不可避免地要淘汰落后产能，一部分产业工人将面临成为新的失业群体的问题。由于这些产业工人学历较低，掌握的技术比较单一，很难适应产业转型后新兴产业的技术需求，从而较难在新兴产业中就业。所以产业结构转型升级造成的失业问题将是一个新的经济课题。

3. 必须把个人与经济社会发展联系起来

个人的发展离不开与经济社会发展的大环境。中职生职业生涯规划要与振兴中华、复兴民族伟业联系起来，个人要服从、服务于社会发展的需要，投入社会经济的发展中来，不能好高骛远，闭门造车。

4. 引导自己形成终身学习的观念

本科生、研究生毕业了还要学习，我们中职生更要在今后的职业生涯中进一步学习，不断完善自己，只有在不断的学习中提高业务技能和思想政治素质，才能紧跟社会发展的步伐。个人在进行职业生涯规划时，一定要有这方面的规划，这才是一个完整的规划。不少中职生毕业后取得了大专、本科文凭，甚至更高的学历，这都是由于自己有这个规划和志向的结果。

5. 指导自己就业和创业

面对严峻的就业形势，中职生要确立"先就业、后择业"的观念。"先就业"不等于盲目选择，要明确人生定位，制定好职业生涯规划，积极创造条件，适时调整发展路线，指导自己就业和创业。

知识链接

"技工荒"现象

我国劳动力市场出现了严重的技术工人、高级技术工人短缺，有关人士将之称为"技工荒"现象。劳动和社会保障部最近公布的一份调查报告表明，目前中国城镇企业共有1.4亿名职工，其中技术工人为7 000万名，在技术工人的队伍中，高级技工仅占3.5%，与发达国家高级技工占40%的水平相差甚远。按照"十五"规划，中国高级技工的比例应当达到15%，目前高级技工的缺口高达数百万。中国一些大城市技工缺口高达30%。

从区域的角度看：技工荒这个声音最早从珠三角、长三角传出，逐步蔓延至环渤海圈，甚至技工的大本营——东北老工业基地。在我国加入WTO后，世界制造业重心开始向中国转移，这给我们带来了前所未有的机遇和挑战。但从目前情况来看，

> 中国要成为"世界工厂",最大的挑战在人才,企业技术工人总量不足、技术等级偏低、技能单一,尤其是高级技能人才年龄偏高,技师、高级技师严重缺乏。从劳动和社会保障部提供的统计图表看,我国制造业较集中的几大经济区域,都不同程度出现严重的"技工荒"。

(二)中职生如何规划职业生涯

中职生在专业选择、就业定位和未来发展等方面普遍存在着较大的盲目性,很多学生对自己的未来职业缺少规划,不知道将来该做什么,要做什么。由此可见,做好职业生涯规划是十分重要的。那么,中职学生该如何做好自己的职业生涯规划呢?

1. 恰当评估自我条件

在职业生涯规划的过程中,中职学生应该从职业需要的角度去分析自我,明确自己适合干什么,能干什么,只有在认识了自我个性、自身条件的情况下,才能对自己有一个准确的定位。就如个子矮的人不能成为杰出的跳高运动员,即使弹跳力好也于事无补,而个子太高的人当举重运动员一定会吃亏。

在分析自我的过程中,既不可高估自己,觉得自己有多么的了不起,又不能妄自菲薄,觉得自己样样都不如人。要客观地认识自身条件,了解自己的优势和不足,这样才能使自己理性地面对纷繁复杂的职场,规划好自己的职业生涯。

2. 合理确定职业目标

中职生在完成了认识自我后,接下来的任务就是给自己一个合理的定位——确定职业目标。只有确定了职业目标,你才能理性地去选择职业。

那么怎样确定自己的职业目标呢?职业目标的确定,既不能定得太高,太高了,工作找不到,也不能定得太低,太低,又无法展现自己的能力。确定职业目标要看社会经济发展的实际需要、个人所处的就业环境,看这个职业对从业者素质的要求。因此,中职生要知道国家经济发展的大趋势,了解本地区的经济特色和未来的发展趋势,尽可能利用区域的经济发展机遇,了解市场需要什么人才、当地有什么资源可以利用、哪些人际关系资源有助于实现职业理想等,必须做好准备,待机而动。

3. 阶段规划发展目标

职业理想既应该有远期的目标,也应该有近期的具体目标。列宁说过:"要向大的目标走去,就得从小的目标开始。"远期的目标,不可能一挥而就,需要努力攀登一个个的阶梯,才能到达理想的顶峰。因此,职业生涯规划中要有一个个具体的阶段目标。

对于中职生来说,除了科学合理地规划职业生涯发展的远期目标外,更应该关注阶段性目标。古人说:"千里之行,始于足下。"只有从具体的一个个阶段目标出发,才能一步一个脚印地前进。

阶段目标要十分具体，不仅要表明需完成的任务、所要达到的状态，还要列出措施，并保证措施明确、得当、有可操作性，切忌空洞、不着边际。

阶段目标是实现职业理想的重要保证，而各阶段目标之间的关系应该是阶梯形的，前一个目标是后一个目标的基础，后一个目标是前一个目标的方向，所有的阶段目标都指向远期目标。

案 例

山田本一的分解式

在1984年东京国际马拉松邀请赛中，名不见经传的日本选手山田本一出人意料地夺得了世界冠军。他在自传中是这么说的："每次比赛之前，我都要乘车把比赛的线路仔细地看一遍，并把沿途比较醒目的标志画下来，比如第一个标志是银行；第二个标志是一棵大树……

这样一直画到赛程的终点。比赛开始后，我就以百米的速度奋力向第一个目标冲去，等到达第一个目标后，我又以同样的速度向第二个目标冲去。40多公里的赛程，就被我分解成这么几个小目标轻松地跑完了。"

思考：
1. 这一事例给我们什么启示？
2. 你怎样分解自己的人生目标？

4. 不断调整发展规划

要使职业生涯规划行之有效，就要对职业生涯规划的具体内容和计划的实施情况进行定期检查，及时发现各种情况的变化，不断地进行自我反省，从而修正职业生涯目标，改进职业生涯策略，更好地实现自己的职业理想。

中职生要实现自己的职业理想，在进行职业生涯规划时，必须与时俱进，在不断学习提高的同时，还要根据职业发展的动态，适当调整职业的发展方向。三百六十行，行行出状元，只要有科学合理、切合自身的职业生涯规划，相信中职生也一定能获得成功。

做一做

说长道短话自己——正确认识自己

1. 我的优点和长处

2. 我适合即将从事职业的优点和长处

3. 我的缺点和不足

4. 我适合即将从事职业的缺点和不足

5. 我发扬优点和长处的措施

6. 我克服缺点和不足的措施

（三）中职生职业生涯规划误区

值得注意的是，中职生在规划职业生涯时要避免走入以下误区：

一是急功近利。以片面的"功利"标准来进行职业规划。如为了暂时的功利，宁可抛弃自己所学的专业。这种心理可能会使你得到一些眼前的利益和满足，但从长远发展看并非明智的选择。

二是缺少实践。很多中职生的实力准备不足，误认为看得见的准备（比如证书、成绩单）比看不见的素质重要，其实单位看重的是个人长期积累的素质；经验准备不足：误认为有一些社会实践的背景就可以帮助自己找工作。其实，经验的获取是需要一段时间反复进行的，个别时间的尝试不表示个人拥有有价值的经验。

三是期望过高。有些中职生由于对自己的水平、能力没有客观的认识，造成职业定位不准确，导致期望值过高。不少学生没有确立从基层做起，从基础做起，逐步积累经验，循序渐进，谋求发展的思想理念。由于在职业规划时没有从实际出发，因此在执行规划时，会出现许多挫折。

想一想

我们中职生如何避免职业生涯规划误区？

练习与拓展

一、练习

1. 什么是职业理想，职业理想有什么作用？
2. 职业生涯规划有哪些步骤？
3. 中职生职业生涯规划有哪些特点？

二、拓展

班级开展一次"畅想未来"主题演讲比赛活动。

活动流程：

1. 每人撰写一份"畅想未来"主题演讲稿，谈谈自己的职业理想、自我优势与不足、职业机遇与挑战、目标规划与措施。
2. 小组开展演讲比赛。
3. 每组推荐一名同学在班级演讲，依据评分标准评比优胜者。

附：

"心绣未来"演讲比赛评分细则

（一）评分标准

主要从演讲内容、演讲技巧、演讲效果、演讲时间掌握及脱稿要求等五部分对演讲选手进行评分。满分为100分。

1. 演讲内容（40分）

职业理想明确、自我认知符合个性、职业认知清晰、目标规划与措施具体可行。

2. 演讲技巧（30分）

普通话标准，口齿清晰，语音纯正。

语言生动、形象，语气、语调、声音、节奏富于变化，轻重缓急、抑扬顿挫切合演讲内容；能准确、恰当地表情达意，富有感情。动作、表情能准确、直观、灵活地表达演讲内容和思想感情。

3. 演讲效果（10分）

演讲精彩有力，使人在美的享受中受到了深刻教育，具有强大的鼓舞性、激励性、说服力和感召力。

4. 脱稿（10分）

表现熟练的程度。

5. 演讲仪表形象（10分）

服饰大方、自然、得体，精心准备，适当修饰。举止从容、端正，风度潇洒，精神饱满，仪态亲切。

（二）评分方法

评委现场亮分，去掉一个最高分和一个最低分后的平均得分为选手的最后得分。

第二单元　职业生涯发展条件与机遇

寄语

我们年轻人都有自己的理想，我们都希望自己能梦想成真。习总书记在十八大报告中指出：中华民族的伟大复兴，中国梦的实现，只要我们胸怀理想不动摇，顽强奋斗不懈怠，就一定能把我国建设成为现代化强国。年轻的同学们，只要我们结合自己所学专业，提高自身素养，把握国家和相关行业的发展趋势，把自己的梦想融入中国梦中，我们就一定会实现自己的梦想！

案例

小陆的职业"爱车"之路

小陆是某中等专业学校汽车维修专业的学生。从小他就喜欢汽车，他的梦想是开一家汽车4S店。由于专业成绩出色，毕业后，他被奥迪4S店录用，从事汽车维修岗位的工作。

奥迪汽车的维修是一项技术活，学校学的知识与实践之间有着一定的差异。为了对奥迪的各类车型结构有更多的了解，小陆去书店买了这一方面的书，一有空就钻研。在工作时，他给师傅打下手，认真看师傅是怎样发现汽车存在的问题，然后又是怎么解决的。

奥迪汽车维修也是一项苦力活。炎热的夏天，寒冷的冬天，小陆不怕脏，不怕累，钻在车底和师傅一起干。他的技术在同批进单位的维修人员中是最好的，曾多次代表单位参加奥迪系统的省级、全国级大赛并获奖。在单位的第6年,他考取了技师资格。考虑到今后会独立接活,他挤出时间去学习驾驶。他的勤奋好学、踏实苦干赢得了师傅、领导和同事的一致肯定。

一次偶然的机会,单位要从维修部调一名员工去前台从事销售工作,维修部的其他员工都不愿意去,小陆接受了岗位调动,他认为这是积累岗位经验的好机会,有助于将来自己开店。在新的岗位上,他熟背资料,虚心请教,察言观色,学会根据客户的需要来建议选车,并主动提醒客户享受公司各种优惠及售后服务。他的贴心服务受到了客户的回报,销售业绩不断攀升。5年的销售工作,他积累了创业所需的大部分资本。

平时他一直是个有心人,搜集行业信息,分析行业发展动向,当他了解到当地汽车销售量在迅速增加后,终于下定决心,做出了决定。他与单位领导畅谈了自己的职业理想、得到了领导的理解支持后,离开了单位,和职校的另外几位同学一起成立了"爱车"汽车维修店。4年后,他们有了第一家连锁店。

思考:

1. 与小陆所学专业相关的职业岗位有哪些?

2. 小陆的职业理想是什么?为什么有这个理想?为此他付出了哪些努力?

3. 小陆的离职开店决定你认可吗?为什么?

▶▶▶本单元要解决的问题

1. 职业生涯发展的条件有哪些?
2. 如何把握职业生涯发展机遇?

主题 3　发展要从所学专业起步

目标导航

1. 了解所学专业及其对应的职业群和相关行业，了解职业资格与职业生涯发展的关系，理解职业对从业者的素质要求。
2. 树立行行出状元、职校生能成才的信念。
3. 分析所学专业应达到的职业资格标准。

想一想

你所学的专业是什么？为什么选这个专业？

一、专业和专业对应的职业群

我们职校生从进入职业学校，选择所学专业的那天起就知道我们开始在为职业生涯做准备了。职业教育的专业设置通常是与社会上一定的职业群相对应，我们的专业知识和技能学得越扎实，今后获得职业发展的机会就越多。

（一）了解专业

专业是指生活、生产实践中用来描述职业生涯某一阶段、某一人群用来谋生，长时期从事的具体业务作业规范。此外，专业也指高等学校或职业学校根据社会专业分工的需要设立的学业类别，如旅游服务、会计、电子商务、动漫设计等专业。每一专业根据本专业的培养目标和要求，设置专业课程，制订教学计划，为我们走向社会顺利就业打下基础。

想一想

你所学的专业开设了哪些课程？这些课程分为几大类？有什么作用？

职业学校的各个专业所设置的课程包括两大类：公共课及面向本专业对应专业群的专业课。一方面公共课有助于全面提高学生素质，也为学生今后深层次的职业学习夯实基础；另一方面专业课的学习有助于提高职业能力，胜任职业岗位，获得更好的职业发展。

（二）专业对应的职业群

专业与职业既有区别又有联系。职业是工作门类，专业是学业门类。专业服务于职业，职业对专业有引领作用。我们知道不同的职业需要不同的知识、技能，而不同的知识和技能则是专业的主要内容，从经济和效率的角度来看，我们所选择的专业当然应该是职业目标所需要的知识和技能。

然而就某个专业与职业的相关性来讲，它们可能是一一对应的关系，还可能呈现出一对多的非常复杂的相关关系。比如烹饪专业的学生在毕业后最适合的是成为一名厨师；同时又有些专业其就业方向比较宽泛，比如动漫设计与制作专业毕业的学生可以从事动漫画艺术制作、影视、广告、出版物、网络媒体、多媒体软件制作、计算机游戏开发等职业。这种在工作内容、操作技能、社会功能及对从业者素质要求等方面都比较相近的若干职业的集合就是我们通常所说的职业群。

写一写

请在下面的方框内写上与你所学专业相关的职业。

我们在确定了专业方向后，还要确定适合于自己发展的目标职业。这里要注意的是确定目标职业时一定要考虑自身的客观实际和社会需要。目标职业确定后，我们可以一边学习专业知识，一边对该职业所需要的其他知识和技能有针对性地开发和学习。

知识链接

国家职业分类

《中华人民共和国职业分类大典》将职业分为：8大类、66中类、413小类、1838细类。其中8大类包括：

◎ 第一大类：国家机关、党群组织、企业、事业单位负责人；
◎ 第二大类：专业技术人员；
◎ 第三大类：办事人员和有关人员；
◎ 第四大类：商业、服务业人员；
◎ 第五大类：农、林、牧、渔、水利业从业者；
◎ 第六大类：生产、运输设备操作人员等有关人员；
◎ 第七大类：军人；
◎ 第八大类：不便分类的其他从业者。

二、职业对从业者的素质要求

案 例

求职应聘

李辰、王丽、华芳是大学同班同学。李辰、华芳认为时间不等人，莫要空白头。于是华芳在校埋头苦学，除此诸事不理。李辰则不仅认真学习知识技能，积极参加各类活动，平时还利用业余时间去打工实习，踏实肯干，乐于助人。而王丽恰恰相反，她觉得以前忙于学习，今后要忙于工作，现在不玩何时玩。临近毕业，三人一起去同一家知名企业应聘。王丽在第一轮专业知识笔试后被淘汰。李辰、华芳进入第二轮面试。面试那天，两人提前十分钟来到该单位，走进大楼门厅，看到一位抱着高高一摞资料的男士不小心把资料滑了，散了一地。李辰立即蹲下帮助一起捡，而华芳却问了卫生间所在整理着装去了。在面试时，李辰、华芳才知道那位掉资料的男士居然就是面试考官之一，而门厅的场景是故意设计的面试考题。最后，李辰应聘成功，而华芳则被淘汰了。

思考：

为什么李辰、华芳、王丽求职会有不同结果？

当前，随着科技发展日新月异，就业压力不断增加，各种职业对从业者的素质要求越来越高。全面培养和提高自己的职业素质，已成为职校生职业生涯成功的重要条件。

（一）了解职业素质

职业素质是指从业者通过各类社会学习、自身学习和劳动实践，逐步形成和发展起来的对职业活动发挥重要作用的内在基本品质。比如会计人员要有扎实的专业知识技能，踏实、诚实的职业道德。

想一想

从业者应该具备的职业素质有哪些？

虽然各种职业对从业者有着特定的素质要求，但职业素质是从业者在职业活动中表现出来的综合品质。一般来说，职业素质是由思想政治素质、职业道德素质、科学文化素质、专业技能素质和身心素质五个方面构成。

职业素质

思想政治素质：人们在政治上的信念或信仰，决定其他素质的性质和方向，包括世界观、价值观。

职业道德素质：劳动者在学习和实践中形成的职业道德方面的状况和水平，包括职业方面的态度、行为规范、道德修养。

科学文化素质：人们通过教育和探索对自然、社会、思维、科学等的认识和掌握程度，包括科学精神、求知欲、创新精神。

专业技能素质：人们对某种职业所掌握的专业知识和专业技能的状况和水平，包括专业知识、专业技能。

身心素质：人体各器官的机能状态和人的个性心理品质的状态和水平，包括身体素质，性格、能力、情感和意志品质等心理素质。

知识链接

世界 500 强企业优秀员工的 12 条核心标准

1. 敬业精神；
2. 忠诚；
3. 良好的人际关系；
4. 团队精神；
5. 自发自觉地工作；
6. 注重细节，追求完美；
7. 不找任何借口；
8. 具有较强的执行力；
9. 找方法提高效率；
10. 为企业提好的建议；
11. 维护企业形象；
12. 与企业共命运。

（二）提高职业素质

提高劳动者职业素质对个人自身、企业、社会等发展都有着重要的意义。

首先，良好的职业素质有利于促进就业者本身的全面发展。一个人的一生大部分时间是在职业活动中度过的。职业素质的形成过程就是职业道德与以专业知识和专业技能为核心的社会文化素质、心理素质和身体素质的整合过程。良好的职业素质有利于提升人的思想道德，促进人的全面发展，促进自身的不断完善。

其次，良好的职业素质有利于提高劳动生产效率，代表企业的良好形象。劳动者的职业素质将影响企业的产品数量和质量，劳动者的职业形象也是企业形象的一部分。劳动者的职业素质越高，就越能提高劳动生产效率，进而获得更多的新成果；劳动者的职业形象越好，与劳动者接触的合作单位、顾客对企业的印象就越好。

最后，良好的职业素质有利于推动科技进步、社会发展。邓小平同志曾指出：国家、国力的强弱，经济发展后劲的大小，越来越取决于劳动者的素质，取决于知识分子的数量和质量。只有拥有源源不断的高素质人才，科技才能长足进步，国家才能繁荣昌盛，社会才能全面发展。

想一想

如何提高职业素质？

职业素质并非与生就有，而是在职业活动中有意识地培养成的。它是一个从了解职业——情感接受——主动学习——积极实践的过程。我们职校生一开始对某种职业的认知可能是被动的、粗浅的，来自于社会或我们主观的认识，因此，要提高职业素质，我们必须深入了解相关职业，在亲密接触中产生兴趣，通过主动学习专业知识技能，探究从业者的素质要求，才能在生活、学习、实践活动中学以致用，锻炼巩固，实现职业素质的提升。

看一看

职业素质提高五步走

了解职业，探究相关职业素质要求，结合自身，寻找差距，确定职业素质目标。

制定培养、提升职业素质行动方案，忌只注重知识学习或只注重社会实践，要两者有效结合。

认真、坚定地执行行动方案，忌三天打鱼、两天晒网。

经常关注相关职业发展动向，及时了解职业素质要求变化。

定期检查职业素质提升状况，根据自身执行实际情况及职业素质变化的要求调整职业素质目标及行动方案。

三、职业资格

（一）职业资格与职业资格认证

职业资格是对从事某一职业所必备的学识、技术和能力的基本要求，反映了劳动者为适应职业劳动需要而运用特定的知识、技术的能力。与学历文凭不同，学历文凭主要反映学生学习的经历，是文化理论知识水平的证明，职业资格与职业劳动的具体要求密切结合，更直接、更准确地反映了特定职业的实际工作标准和操作规范，以及劳动者从事该职业所达到的实际工作能力水平。开展职业技能鉴定，推行职业资格证书制度，是落实党中央、国务院提出的"科教兴国"战略的重要举措，也是我国人力资源开发的一项战略措施。它对于提高劳动者素质、促进人力资源市场的建设以及深化国有企业改革、培养技能型人才、促进经济发展都具有重要意义。

知识链接

根据我国《劳动法》和《职业教育法》的有关规定，对从事技术复杂、通用性广，涉及国家财产、人民生命安全和消费者利益的职业（工种）的劳动者，只要从事国家规定的技术工种（职业）工作，必须取得相应的职业资格证书方可就业上岗。

职业资格认证是对从事某一职业所必备的学识、技术和能力的基本要求。职业资格包括从业资格和执业资格，从业资格是指从事某一专业（工种）学识、技术和能力的起点标准；执业资格是指政府对某些责任较大，社会通用性强，关系公共利益的专业（工种）

实行准入控制,是依法独立开业或从事某一特定专业(工种)学识、技术和能力的必备标准。

职业资格认证分别由国家劳动社会保障部、国家人事行政部、国资委商业技能鉴定与饮食服务发展中心等各相关部委通过学历认证、资格考试、专家评定、职业技能鉴定等方式进行评价,对合格者颁发国家职业资格证书。

（二）职业资格证书

职业资格证书是表明劳动者具有从事某一职业所必备的学识和技能的证明。它是劳动者求职、任职、开业的资格凭证,是用人单位招聘、录用劳动者的主要依据,也是境外就业、对外劳务合作人员办理技能水平公证的有效证件。

职业资格证书是劳动就业制度的一项重要内容,也是一种特殊形式的国家考试制度。它是对劳动者的职业资格进行评价和鉴定的有效证件,是指按照国家制定的职业技能标准或任职资格条件,通过政府认定的考核鉴定机构对劳动者的技能水平或职业资格进行客观公正、科学规范的评价和鉴定,对合格者颁发相应的国家职业资格证书。

我国职业资格证书分为五个等级:初级(五级)、中级(四级)、高级(三级)、技师(二级)和高级技师(一级)。

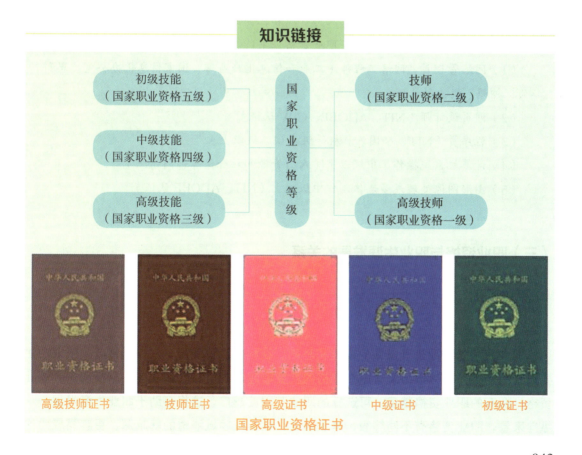

国家职业资格证书

推行职业资格证书制度,是落实党中央、国务院提出的"科教兴国"战略方针的重要举措,也是我国人力资源开发的一项战略措施。这对于提高劳动者素质,促进劳动力市场建设以及深化国有企业改革,促进经济发展都具有重要意义。作为国家未来产业大军的劳动者,我们中职生只有认真学习专业知识和技能,积极参加职业资格考试,获得相应的职业资格证书,才能更好地为国家经济建设做贡献。

说一说

你所学的专业涉及哪些职业资格证书?根据这些证书对应的职业资格标准简单设计你的职业生涯阶段。

知识链接

计算机网络技术方面职业资格证书

1. 本专业毕业生应取得以下职业资格证书:
（1）计算机维修调试中级工（人力资源和社会保障部门组织）。
（2）计算机网络操作高级工（人力资源和社会保障部门组织）。
2. 本专业毕业生也可选考以下职业资格证书:
（1）网络管理员、网络工程师（工业和信息化产业部、国家信息化办公室、思科、华为、神码、锐捷等认证）。
（2）网页设计师（NIT、ADOBE、CIW认证）。
（3）程序员（NIT、全国计算机等级考试二级以上）。
（4）计算机系统操作工中级以上（人力资源和社会保障部门组织）。
（5）图形图像处理或多媒体制作中级以上（NIT、ADOBE认证）。

（三）职业资格与职业生涯发展的关系

说一说

你知道成为老师的首要条件是什么?你喜欢怎样的老师?

职业资格是职业生涯发展的前提和基础。在科技飞速发展,双向选择成为就业的主要形式的今天,既有学历又有职业资格的就业者越来越受社会的欢迎。从横向来看职业资格,拥有的职业资格越多,可选择的职业范围就越广,这将有助于职业生涯发展。从纵向来看,职业资格有不同等级,等级越高,在相应领域渗透的就越深,更容易成为这一领域的佼佼者。

职业生涯发展是获得职业资格的目的与动力。职业资格是从事某种职业的基本要求，只有达到这些要求，劳动者才能从事这一职业，进而在该领域有更好的发展。而劳动者为了获得更广、更高的职业发展，就要以此为动力，努力学习专业知识技能，提升职业等级水平，获得相应的职业资格。

四、树立正确的成才观

议一议

有些学生没考上高中，不得已上了中专，于是认为自己现在是"差生"，将来肯定也是不如别人。对此谈谈你的看法。

有时我们觉得人生路上走得不好，并不是路太窄了，而是我们的视野不够开阔。上帝为我们关上一扇门，就会打开一扇窗。

案 例

他算不算成才?

著名教育家吕型伟先生曾经讲过这么一个故事：有一个家庭，父母都是大学教授，儿子却连普通高中也没考上，最终只能上职高学习做糕点。起初，教授夫妇也"感觉丢脸"，后来儿子成了糕点制作专家，拿到了全市轻工手艺制作糕点组的第一名，大批的五星级饭店抢着要他。当外国领事馆和外国的大宾馆也来聘请他时，教授夫妇为拥有这样一位儿子"感到骄傲"。

思考：

这位没有考上大学的孩子算不算成才呢？

（一）行行出状元

俗话说："三百六十行，行行出状元。"现代社会对人才的需要是多样的，不管做什么，只要目标明确，每个人都能够成才，只不过是在不同的领域成才，成才的"高度"有差别而已。所以，我们应该树立正确的成才观，要明白：没上大学并非不能成才，各行各业都可以成才。社会是丰富多彩的，人们的生存方式也应多样化，只要我们能够适应社会需要，在平凡的岗位上自强不息，不屈不挠，刻苦钻研，改革创新，那么无论是何种行业，都能钻研出许多学问，都可以大有作为。

案 例

"行行出状元"

有一年，一位新科状元身穿皇帝赐给的衣冠，骑着高头大马，得意洋洋地在街上走着。他来到一条热闹的街道，遇见一位樵夫不避不让。侍从向樵夫高喊："让道！"樵夫说："状元有什么了不起，我没钱读书，要不我也能中状元。"状元便问道："你有什么本领？"樵夫回答："我是卖柴的，我的本领是劈柴，我能按你的要求把木柴劈开。"状元立即吩咐随从找来几根木柴，在木柴中间画了一条线，然后让樵夫按线把木柴劈开。这时候，周围挤满了行人，只见樵夫不慌不忙地对着木柴左右瞧了一下，然后拿起斧头劈了下去。刀落处，木柴按墨线一劈两片。有个卖油郎路过，便说道："这是练出来的本领，没什么了不起！"话音传到状元耳朵里，卖油郎也被叫过去显本领。卖油郎说："我是卖油的，不用带秤，你要多少我给多少，不差一钱半两。"状元一听，叫随从取来一个口小肚大的葫芦，然后要卖油郎往葫芦里装二斤三两油。只见卖油郎伸手从口袋里掏出一个铜钱，盖在葫芦口上，然后提起满满一大桶油就往葫芦里倒。只见一条细细长长的油丝不偏不倚从铜钱的方眼中穿过。油郎放下油桶说："请你拿去过秤！"状元拿起葫芦口上的铜钱查看，不沾一丝儿油痕。随从一过秤，不多不少，刚好二斤三两，众人又一次拍手叫绝。

状元口服心服地说："真是三百六十行，行行出状元！这街我不游了，大家回去吧！"

思考：

这个案例对我们有什么启示？

（二）职校生能成才

随着科技发展，社会分工的精细化，社会进步对术业有专攻的技能人才有着强烈迫切的需要。21世纪社会整体人才结构呈"橄榄"型,中等层次的人才依然是主流,所以人才规格的高移并不是说以高等人才为主,社会的生存与发展的根基始终依靠中等层次的人才。所以职校生只要有决心,不懈努力,成才是大有希望的。

议一议

职校生怎样才能成才?

任何人成长为人才都不是一蹴而就的。人才是经过艰苦的努力,在复杂环境中逐渐磨炼出来的。成熟的思想、良好的素质、精湛的技艺和崇高的境界使"小人物"在平凡的岗位上同样能成为专家和能手。

我们职校生成长为人才也不例外。首先,我们要树立"天生其人必有才,天生其才必有用"的观念,充满自信地面对自己的职业生涯。其次,我们要立足自身实际,结合社会需要,合理规划个人职业生涯。再次,我们应该严格落实职业生涯规划的行动方案,认真学习专业知识,勤练技能,积极参加各种技能大赛,通过实训、实习、社会实践锻炼自己,培养自己的

广大青年要牢记"空谈误国,实干兴邦",立足本职,埋头苦干,从自身做起,从点滴做起,用勤劳的双手,一流的业绩成就属于自己的人生精彩。

——习近平

良好品质,提高职业素养。最后,我们还要定期检查自己职业生涯规划的执行情况,并根据实际做出适当调整。只要我们能以积极进取的心态,踏实肯干的行动,坚定不移地朝着职业目标前进,成才的目标会离我们越来越近。

一、练习

1. 你的所学专业具体设置了哪些课程?
2. 你的所学专业有哪些相关的职业群?
3. 与你的专业相关的职业需要哪些职业资格证书?
4. 你准备怎样提高自身的职业素质?(拟定职业素质提升方案)

二、拓展

利用课余时间到你所学专业相关的知名企业进行参观学习,了解企业对员工的要求,并与企业优秀员工交流,听取他们对学习专业知识与技能的经验。

主题4　发展要立足本人实际

目标导航

1. 了解不同职业对从业者的个性要求和自己的个性特点，理解"兴趣能培养、性格能调适、能力能提高"对职业生涯发展的重要意义。
2. 形成正确的职业价值取向。
3. 分析本人发展条件，体验个性调适和自我控制的过程，挖掘自己与职业要求相符的长处，找到存在的差距。

说一说

有哪些事情你愿意投入时间、精力、金钱，努力去做并且觉得快乐与满足？

一、兴趣分析与培养

一个成人一天有三分之一甚至更多的时间是用于工作上的，所以一份工作的选择不仅仅关系到收入的多少，还将影响我们整个的生活状态。如果我们喜欢自己的工作，那就会保持进取快乐的状态。发现并培养自己对所学专业以及相关部分职业的兴趣，让兴趣成为职业快乐的伴侣，这将推动我们职业生涯不断向前发展，事业获得成功。

（一）了解兴趣与职业兴趣

兴趣是个体对特定的事物、活动及人为对象所产生的带有倾向性、选择性的态度和积极的情绪反应。

兴趣是一种无形的动力，对职业有很大的影响。兴趣是职业选择的重要依据。兴趣可以提高工作效率，充分发挥才能。兴趣是保证职业的稳定性和工作满意度的重要因素。我们中职生如果能够根据自己的兴趣选择职业、规划生涯，就能够调动整个身心投入自己的职业生涯，激发潜能，勤于思考，深入钻研，大胆探索，迎难而上，踏实肯干，促进职业生涯良性发展。

案例

英国著名的女人类学家古道尔从小喜欢生物,对黑猩猩产生了兴趣。她20多岁时前往非洲的原始森林,为了观察黑猩猩,度过了38年的野外生涯。

职业兴趣是指人们对某类职业活动所抱有的稳定的积极性态度。科学家依据兴趣与职业的关系,把人的兴趣划分为若干种类,每类兴趣反映了拥有者的个性特点及适合从事的职业类别。这种研究成果在社会上受到了广泛的肯定,许多人用它探索自己的职业兴趣,指导自己的职业选择。

知识链接

职业兴趣探索

个人识别自己的职业兴趣的方法通常有3种:

1. 自我反省:即个体通过反省自己参与各种活动时的行为表现来推测职业兴趣所在。

2. 知识测验:即个体通过测试自身掌握特定职业的特殊词汇和其他信息来推测自己的兴趣所在。

3. 职业兴趣测验:即个体通过完成职业兴趣问卷来推测自己的职业兴趣。这种方法是目前最科学、最常用的探索职业兴趣的方法。

(二)职业兴趣的培养

想一想

我们在进行职业生涯规划时都遇到了困惑,这不,张一、李明也被难住了:

困惑1:与我专业相关的职业群中没有我感兴趣的,怎么办?

困惑2:职业生涯路漫漫,难免会有变数,万一我兴趣有变化……怎么办?

无论是专业与兴趣不相符，还是兴趣多变，毫无疑问，它们都会给我们顺利规划职业生涯带来困难。不过，这些困难我们可以通过培养职业兴趣来解决。

看一看下图：

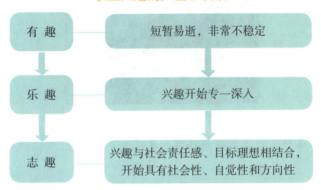

职业兴趣的产生和发展

任何人的任何兴趣都不是与生俱来的，从职业兴趣的发生和发展来看，一般要经历有趣——乐趣——志趣的过程。职业兴趣是以一定的素质为前提，在生活实践中逐渐发生、发展起来的。如果个人缺乏对某种职业知识的了解，或者根本不了解这个职业，那么他对这个职业感兴趣也就不太可能。因此，个人只有广泛地了解职业知识，参加各类职业活动，才可能真正地发现自己的职业兴趣所在。

案 例

职业兴趣的培养

刘红在职业学校学的是计算机应用技术专业，毕业后到一家品牌电脑特约维修点从事电脑检测与维修。她虽然能胜任维修工作，但作为一名女生，一开始并不喜欢这份工作。不过，在熟悉了业务环境后，她看到一台台电脑在她手中重新焕发出奔跑的活力，听到客户和主管对自己的肯定，于是便喜欢上了这份工作。由此可见，一个人可以因为具有专业能力，能胜任工作而获得满足感、成就感，于是逐渐、滋生培养出对工作的兴趣，并且今后也将不断得到强化。

思考：

如何培养职业兴趣？

对于职校生来说，兴趣的培养方式有多种。首先，我们应该认识到专业及职业的重要性，平时多了解所学专业及相关职业的信息，关注他们的现状和发展，了解这一领域的成功人士的事迹，感悟这一职业的乐趣。其次，认真学好专业知识和技能。兴趣不只是对事物表面的关心，任何一种兴趣都是由于获得这方面的知识或参与这种活动而使人体验到情绪上的满足而产生的。最后，通过实训、实习、实践活动加强锻炼，体验学习中的乐趣，感受获得成功的快乐。

二、性格分析与调适

当我们做自我介绍或者别人介绍你时，会用怎样的形容词？其实，这些形容词是在描述一个人的性格特征。研究表明，性格影响着人们的职业选择，不同性格的人，对职业的态度也是不同的。一定的性格必然适合从事一定的职业。不过，一个人的性格并不是一成不变的，经过长期的行为习惯的养成，性格是可以重塑的，从而适合一定的职业。

（一）了解性格与职业性格

性格是个人对现实的态度和行为方面的较稳定的心理特征。性格是个性或人格的重要组成部分，个体之间的个性差异的核心是性格差异。

人的性格可以划分为内倾型、外倾型、混合型三种。内倾型的人对外界事物缺少关心和兴趣，不乐于与人交往，不善于表露自己的情感和行为；外倾型的人对外界事物表现出关心和兴趣，善于表露自己的情感和行为并乐于与人交往。不过，纯粹属于内倾型或外倾型的人不多，大部分都属于混合型，只是存在着程度的差别。

> **试一试**
>
> 请像平时写字一样在纸上签名，然后换一只手。两次签名的感觉相同吗？什么感觉？为什么？

性格没有优劣之分，不同的职业对性格有不同的要求。有的职业要求从业者有偏向于内向的性格，有的职业却要求从业者性格偏外向。性格与职业的匹配度，对个人的事业能否成功具有重大影响。如果一种职业与个人的性格相吻合，那他工作起来就会得心应手，更好地发挥自己的潜能。所以，在选择职业时，应根据自己的性格选择适合的职业。

职业性格是指个人在长期的职业生活中所形成的与职业相联系的、稳定的心理特征。例如：有的人对待工作总是一丝不苟，勤劳踏实；在待人处事中总是表现出高度的原则性、责任心，为人胸怀宽广；在对待自己的态度上总是表现为自信、严于律己等，所有这些特征的总和就是他的职业性格。

> **知识链接**
>
> 职业性格探索
>
> 个人识别自己的职业性格的方法通常有两种：
> 1. 评价分析法：即个体通过请教亲友、家人获得他人的评价，然后结合自我评价，进行综合探索，推测出自己的职业性格。
> 2. 职业性格测试：即个体通过常用的性格测试工具，如：MBIT 性格类型指标、卡特尔 16 种人格因素问卷等，探索自己的职业性格。

（二）职业性格的调试

想一想

最近，李明在进行职业生涯规划时又遇到了困惑：
困惑3：常说性格决定命运，我的性格与感兴趣的职业不匹配，怎么办？

其实，性格是可以调试的。由于职业性格是在长期的职业活动中形成的，所以与职业活动有关的各种因素，都能对职业性格的形成产生一定的影响。所以，只要我们在生活、学习等实践活动中有意识地调试性格，就会让自己成为性格与职业相匹配的人，成为高效的劳动者。

调试性格可以从以下三方面入手：首先，根据所学专业相关的职业群对从业者的要求，确定性格调试目标，制定塑造性格的措施，严格执行，通过播种行为、形成习惯、收获性格，最终成就事业。其次，向榜样学习。任何一个榜样都有其过人之处，通过对榜样成功之处的总结，制定自身性格调试方案，长期坚持执行。最后，积极参加各类实践活动。实践活动，无论是校内的、社会的，还是职场的，都会对我们性格的塑造是很好的锻炼机会。我们要好好把握这些机会，使自己的性格与职业更接近，最终实现完美匹配。

三、能力分析与提高

有心理学家曾指出，智商高并不一定会成为成功人物，相反，智商平平，但有一定能力的人，却很有希望获得成功。从事任何职业都必须具备相应的能力。个人的能力是在学习和实践基础上逐渐培养起来，得到锻炼并不断提高的。

（一）了解能力与职业能力

能力是指一个人完成某项任务、从事某种活动所必须具备的个性心理特征。它是人的综合素质的集中体现，与活动密切相关，在活动中形成，对活动的效率有着直接的影响。

个人是否能胜任职业岗位，这将直接影响个人职业生涯的发展。所以，我们在做职业生涯规划时要考虑自身的能力倾向，越是与自己能力倾向相匹配的工作，越容易做好，从而获得成就感，产生并保持兴趣，推动职业生涯的良性发展。社会在进步，职业对从业者的能力要求也在不断提高，我们要有活到老学到老的准备，使自己的能力满足职业发展的要求。

知识链接

多元智能理论

心理学家加德纳在1983年出版的《智力的结构》一书中提出了多元智能理论，定义智能是人在特定情景中解决问题并有所创造的能力。他认为我们每个人都拥有八种主要智能：语言智能、逻辑－数理智能、空间智能、运动智能、音乐智能、人际交往智能、内省智能、自然观察智能。

说一说

你能为班集体做些什么？关于这个问题，同学之间的回答一样吗？为什么？

根据不同的标准，能力可以被分为不同种类。在社会上，只有极少数人在所有领域里能力都很强，我们中绝大多数人在能力倾向上都是有所侧重的，有自己的能力优势。哲学家布莱尼茨曾说过"世界上没有两片相同的绿叶"，同样，世界上也没有两个人的能力是相同的。常说"寸有所长，尺有所短"，因此我们要正视个体之间的能力差异。

职业能力是人们从事某种职业活动必须具备的影响职业活动效率的个人心理特征，是择业的基本参照和就业的基本条件，也是胜任职业岗位工作的基本要求。

看一看

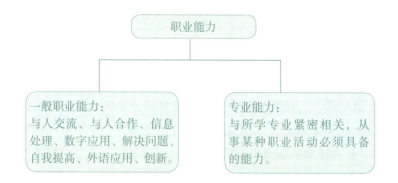

知识链接

职业能力探索

个人识别自己职业能力的方法通常有3种：

1. 评价分析法：即个体通过请教他人获得他人对自己能力的评价，然后整理，推测出自己的能力倾向。

2. 自我分析法：即个体通过对自己以往在活动中的表现来分析自己具有的能力优势与劣势。

3. 职业能力测试：即个体通过常用的能力测试工具，探索自己的职业能力。

（二）职业能力的提高

帮一帮

同学们最近发现刘亮垂头丧气、精神不振，一问，原来他为以下的问题烦恼不已，大家一起来帮帮忙解决吧！

困惑4：马上就要毕业了，就业形势这么紧张，不是每个人都能找到与自己能力倾向相适合的工作，怎么办？

知识经济时代，社会发展速度加快，没有人能保证自己现有的能力可以满足以后职业生涯发展的所有需要，提高职业能力应该成为从业者的职业意识，作为从业者一种常态化的职业生涯目标。

职校生要适合职业发展的要求，可以从以下两方面来培养和提高职业能力：首先，认真学习，打好基础。知识是人类的财富。能力的发展是以知识为基础指导实践活动，在活动中得到锻炼和提高的。其次，重视实践，积极锻炼。能力是在实践活动中形成和发展起来的，我们可以通过参加各类实践活动，尤其是职业实践活动，来提高职业所需要的一般能力和专业能力。

四、职业价值取向分析与调整

职业选择正确与否，直接影响到个人事业的发展。据统计，选错职业的人当中，有80%的人在事业上是失败者。个人选择职业时往往受到内心价值取向的影响。因此，分析职业价值取向，树立正确的职业价值观，对个人正确择业、事业发展具有重要意义。

> **选一选**

在森林里,你带着五种动物:孔雀、猴子、大象、老虎、狗。四周环境危险重重,你不能将它们带到最后,只能逐一舍弃,只留下一种动物。请问你的选择依次是什么?

(一)了解职业价值取向

职业价值取向是个体对某种职业的价值判断以及希望从事某种职业的态度倾向,反映了价值取向对个体职业选择态度、行为、信念的影响。职业价值取向表明个体通过职业想要追求的是什么,是为了个人发展,社会需要还是其他因素。通常个体会从多个价值角度对职业进行衡量,因此,综合分析自己的职业价值取向,为正确选择职业做好准备是非常必要的。

知识链接

职业价值取向探索

个人识别自己的职业价值取向的方法通常有两种:

1. 自我分析法:即个体通过对所学专业,自己与社会、他人、环境的关系进行分析,了解自己的职业需求。

2. 职业价值取向测试:即个体通过常用的职业价值取向测试工具,探索自己的职业价值取向。

> **做一做**

如果现在找工作,你最重视的是什么?请按重要程度排列。

1. 工资高、福利好
2. 工作环境舒适
3. 人际关系良好
4. 工作稳定有保障
5. 能提供较好的受教育机会
6. 有较高的社会地位
7. 工作轻松
8. 能发挥自己的能力特长
9. 社会贡献大

案 例

她为什么找不到工作

周琦做完职业价值取向测试后发现,她最重视的是社会地位,其次是工资高、福利好,然后是工作轻松。于是,她就按照这些标准去找工作,结果不是她看不上工作,嫌工作不体面,活重,待遇低,就是单位看不上她。实习期都过去半年多了,她还没找着工作。

思考:

为什么周琦已经做了职业价值取向分析,却连一份工作也没找着?

(二)职业价值取向的调整

个体的职业价值取向直接影响到就业是否能成功。如果职业价值取向立足于个体实际,立足于环境实际,不好高骛远,不脱离社会,个体的职业价值取向就能得到满足。

因此,个体的职业价值取向必须坚持从实际出发,根据个体实际和社会实际的变化及时调整。不过,我们在明确自己的职业价值取向时还有几点需要注意:一是年轻人要敢于挑战,愿意吃苦,不要安于享乐。众所周知,社会就业竞争非常激烈,优胜劣汰是必然的结果,如果想找一份安于现状,不需奋进的工作,这恐怕只能满足一时。与其40岁失业努力找工作,不如趁年轻吃点苦,努力奋斗,提高职业能力,积累经验。二是处理好个体需求与社会需求的关系。心理学家将人的需要分为若干层次,即物质生活需要、精神生活需要、承担社会义务的需要。我们要懂得个体需要的实现离不开社会,把个体的发展与社会需要结合在一起,才能在更广阔的发展空间成就自我。

五、个人学习状况和行为习惯的分析与改善

联合国教科文组织报告《学会生存——教育世界的今天和明天》中提到:"我们再也不能刻苦地一劳永逸地获取知识了,而需要终生学习如何去建立一个不断演进的知识体系——'学会生存'。"在当今这个社会,学习知识是我们继续生存的法宝,良好的行为习惯是我们职业发展和成功的重要助力。让我们积极进取,力争上游,养成良好习惯,提高个人素养,在科学职业生涯规划的指引下,踏实苦干,为顺利跨出职业生涯第一步做好准备。

（一）学习状况分析

作为学生，我们的首要任务是学习。我们的学习状况如何，可以从我们的学习效果以及引起的原因分析得出。影响学习效果的因素有很多，但对于大多数中职生来说，最主要的因素是学习动机和学习方法。

学习的动机又称学习的动力，是指直接推动学生进行学习的一种内部动力，是激励和指引学生进行学习的一种需要。它包括知识价值观、学习兴趣、学习能力感、成就归因等。

改善学习动机，进而改善我们的学习状况，提高我们的学习效果，这是我们在中职学校必须迈出的一步，也是能够迈出的一步。

看一看

学习动机障碍——错误想法	消除学习动机障碍的方式
知识有什么用，小学毕业仍然赚大钱	收集所学专业及相关职业的发展信息，参与实践活动，感受知识的作用，在亲密接触中培养学习兴趣
学习太枯燥，真没意思	
我学习那么努力，可成绩一点也没起色，看来不是读书的料	分析学习挫折，找出病症，对症下药，在学习活动中提高能力
从小到大，我一直这么不起眼，就这样吧	罗列出自己成功之事，找出成功之因，发挥优势，体验成功，重建自信

影响学习状态的另一主要因素是学习方法，它指个体在学习过程中所采用的方式或途径。每个人由于自身实际的差异，学习时适合采用的方法会有所不同，根据自己的实际情况，结合学习内容，选择合适的学习方法将会让你事半功倍。

谈一谈

请班里那些学习效果好的同学介绍自己所用的学习方法，其他同学结合自身思考有哪些是值得自己借鉴的。

（二）行为习惯及改善

习惯是个体对一定情境进行自动化地思维的倾向或行为方式。培根说："习惯是一种顽强而巨大的力量，他可以主宰人生。"好习惯成就好人生。人的一生一直在学做"两件事"——做人、做事。良好的"做人"习惯，可以为我们营造良好的人际氛围，有利于我们职业的发展；良好的"做事"习惯，可以使我们确保办事效率、办事效果，有利于我们职业素养的提升。

案例

坚持早到五分钟

一次爸爸和我女儿对话，"爷爷，为什么我每次到公交车站在那等车的时候，车来了才看见有的同学急急忙忙地跑过来赶车？""因为咱家里的时钟调快了五分钟呀！""哦！怪不得。"女儿似懂非懂，若有所思。

从我上小学时家里买第一台挂钟起，家里的时钟就一直快五分钟。所以我总是比别的同学早到校一会儿，也因此赢得了班主任的信任，班主任便把拿教室钥匙开门的"重任"交给了我，那时既感到重任在肩，又觉得无上荣光，一直到初中毕业。

直到现在，工作多年以后，我仍然保留了提前五分钟到办公室的习惯，处理完办公室的卫生，备好茶水，还不到正式上班的时间，端坐到办公桌前，正好从从容容地思考一天的工作。

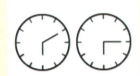

早到五分钟可能看起来时间很短，切莫小看这五分钟，这五分钟可以做很多的事情。比如等车，五分钟可以欣赏街边的风景；比如开会，五分钟可以理出发言的思路；比如约会，五分钟可以整理好自己的衣冠；比如考试，还可以"临阵磨枪"。

演一演

请两位同学分别表演早起五分钟与晚起5分钟对生活、上学的影响，并谈谈体会。

好习惯应该从小养成。科学家普遍认为在学校养成的良好习惯让他们终生受益。对中职生来说，由于以前不注意，已经形成了一些不良习惯，这对他们将来的职业发展会带来不良影响。

改善自身的行为习惯，首先要树立关于习惯的正确观念，摒弃错误观念的影响。

想一想

错误观念
- 我心里知道该怎样做，现在只是随性而已。
- 我的不良习惯由来已久，现在改为时已晚。
- 这恶习我多次想改，都没成功，改不了了。

正确观念
- 心里知道该怎样，未必就能养成好习惯；必须怎样去做，才可以养成好习惯。（叶圣陶）
- 在克服恶习上，迟做总比不做强。（利德益特）
- 习惯就是习惯，谁也不能将其扔出窗外，只能一步一步地引下楼。（马克·吐温）

改善自身的行为习惯，其次要明确目标，制定合理措施，坚持执行。好习惯是刻意培养起来的，是一个自我克制的过程，也是靠意志坚持的过程，好习惯可以征服坏习惯，一旦征服，终生受益。

改善自身的行为习惯，还要发挥榜样的作用，用榜样的故事激励自己，坚信自己能告别不良习惯，与好习惯为伴。树立关于习惯的正确观念，抛弃错误观念的影响。

改善自身的行为习惯，监督机制也不可少。古语说："乍富不知新受用，乍贫难改旧家风。"要对原有习惯进行改善，可能困难重重。我们可以请他人帮忙，监督我们的行为，并对行为做出相应的奖惩。

一、练习

1.每个同学运用文中介绍的个性探索方法，分析总结自己的职业兴趣、职业性格、职业能力、职业价值取向。

2.了解与所学专业相关的职业对从业者的个性要求（任选2种职业进行分析），比较自己的个性特点与其之间的差异，并将差异一一罗列。

3.针对以上职业对从业者的个性要求与自己的个性特点之间的差异，思考如何缩小差异，制定简单的目标与行动方案。

二、拓展

针对自身存在的某种不良习惯，确定改善方案并加以落实，学期结束时，由同学和老师对行动方案的执行效果进行评分。

主题 5　发展要善于把握机遇

目标导航

1. 了解所学专业涉及的相关行业以及社会需求。
2. 学会对家庭状况、行业发展动向、区域经济发展动向进行分析，把个人发展与经济社会发展结合起来。

想一想

有一家生产鞋子的公司正在招聘销售员，张林和李龙同时来竞聘。招聘主管交给他们一个任务：把鞋子卖到非洲去。张林一听，傻了：非洲人不穿鞋，怎么卖？李龙一听，乐了：太棒了，非洲人不穿鞋，我得卖出多少啊！……

给故事加个结尾，并说说为什么结尾是这样。

培根说过："善于识别与把握时机是极为重要的。在一切大事业上，人在开始做事前要像千眼神那样察视时机，而在进行时要像千手神那样抓住时机。"中职生在职业发展中要善于对家庭、社会进行研究，寻找变化，并积极反应，把它当作机会充分利用起来。

一、家庭状况变化分析

个人的成长发展受到很多因素的影响，既有内在因素的作用，也有外在环境的影响，家庭环境就是其中之一，它是影响职业生涯发展的重要因素。

（一）了解家庭

家庭是社会的细胞，是构成社会的基本单位。它是由夫妻关系及在其基础上的子女关系结成的最小的社会生产和生活的共同体。血缘关系较近的若干个家庭构成家族。同一个家族内部的成员往往在社会生活中互相往来，互相扶持，共同发展。

说一说

你知道家庭的主要职能吗？

家庭的职能其实也是家庭成员的责任,代代传承。发展到现在,家庭职能主要包括6种,它们在家庭的延续、稳定、发展等方面发挥着重要作用,同时也有利于社会的和谐和发展。每个家庭成员在家庭主要职能的观念指引下,将个人的职业生涯规划与家庭状况紧密结合。

(二)分析家庭状况及其变化

案 例

不同的选择

林莉与李招娣是某中等专业学校会计专业的同班同学,两人专业学习都非常出色。林莉来自一个小康之家,父母都是老师;李招娣的父母都是农民,奶奶瘫痪在床,爷爷身体不好,经常吃药,家里还有一个上小学的弟弟。职校最后一年,林莉选择了继续升学,而李招娣考虑到家里为了她上学、爷爷治病已经负债累累,拒绝了老师继续升学的建议,接受了一家企业财务部的工作。

思考:

两位同样出色的学生,为什么做出不同的选择?

家庭对个人职业生涯规划的影响往往是较为直接的,家庭状况如何影响着个人职业的选择、职业生涯路径的选择。家庭状况主要包括三个方面:一是家庭成员的职业背景。个人与家庭成员亲密相处,不可避免会接触到家庭成员的职业,在逐步了解中形成自己对该职业的认识,进而对自身职业生涯规划产生影响。二是家庭经济状况。个人的成长发展与家庭经济状况有着密切关系。如个人学习涉及的领域广度、深度都离不开资金投入,个人对发展机遇的把握与职业理想的实现离不开家庭经济状况。三是家庭的人际关系。人际关系是个人在社会上生存和发展的重要资源，家庭成员拥有的人际关系，对个人职业生涯发展有较大助力。

> **知识链接**
>
> 分析家庭状况的几点注意事项
>
> 1. 全面，真实。个体的职业生涯规划强调立足个人实际，社会实际，我们的家庭状况分析应该建立在真实的基础之上，做到全面分析、权衡选择，这样才能利于职业生涯规划。
>
> 2. 充分利用资源，做独立个体。我们在职业生涯规划时，可以把家庭的有效资源充分利用起来，但需要注意，我们是独立的个体，不能事事依赖长辈。
>
> 3. 用发展的眼光分析家庭状况变化。家庭状况不是一成不变的，我们在规划职业生涯时，要根据实际情况，综合考虑相关因素，做出正确的职业选择。

二、行业发展动向分析

科学技术在社会各个领域的渗透不断扩大，推动了社会加速发展，职业也随之不断变化发展。我们应适应社会的变化性，跟上社会的变化速度，关注社会变化动态，把握行业发展趋势，将职业生涯规划与之紧密结合，找准机遇，促进自身职业发展。

（一）了解行业及其发展动向

行业是对产业的进一步细分，指国民经济活动中，根据单位的生产工艺过程或生产的产品或提供服务的不同来表示的社会分工类别。

> **知识链接**
>
> 三大产业分类
>
> 国家统计局把我国产业分为三大类：
>
> 第一产业：农业（包括种植业、林业、牧业和渔业等），农业是国民经济的基础。
>
> 第二产业：工业（包括采掘业，制造业，电力、煤气、水的生产和供应业）和建筑业，工业是国民经济的支柱。
>
> 第三产业：除第一、第二产业以外的其他各业。一是流通部门，二是服务部门。

知识链接

行业分类

我国《国民经济行业分类》将行业分为20个门类：

A. 农、林、牧、渔业；B. 采矿业；C. 制造业；D. 电力、热力、燃气及水生产和供应业；E. 建筑业；F. 批发和零售业；G. 交通运输、仓储和邮政业；H. 住宿和餐饮业；I. 信息传输、软件和信息技术服务业；J. 金融业；K. 房地产业；L. 租赁和商务服务业；M. 科学研究和技术服务业；N. 水利、环境和公共设施管理业；O. 居民服务、修理和其他服务业；P. 教育；Q. 卫生和社会工作；R. 文化、体育和娱乐业；S. 公共管理、社会保障和社会组织；T. 国际组织。

想一想

你所学专业的相关职业属于哪个行业？

改革开放以来，我国的产业政策发生变化，目前主要涉及的是深入贯彻落实科学发展观，加快转变经济发展方式，推动产业结构调整和优化升级，完善和发展现代产业体系，即：加强第一产业、调整第二产业、积极推进产业结构优化升级，形成以高新技术产业为先导、以基础产业和制造业为支撑、服务业全面发展的产业格局。由此，我国三大产业布局不断调整，产业结构从以第一产业为主向以第三产业为主逐渐转变，第三产业的就业空间越来越大，从业者也急速增加。

我国产业政策为三大产业发展指明了方向：第一，巩固和加强第一产业，提高农业现代化水平，走发展高产、优质、高效、生态、安全农业的道路；第二，调整和提高第二产业，提高工业现代化水平，用高新技术改造和优化传统工业内部结构，走新型工业化道路；第三，大力发展以现代服务业为重点的第三产业。

知识链接

量子通信即将商用 或成高铁核电外又一国家名片

"十三五规划建议"指出，再选择一批体现国家战略意图的重大科技项目，而在提及的七大项目中就包含量子通信。国信证券研究报告称，国内已准备将量子通信进行商用。量子通信可能成为继高铁、核电外又一张国家"名片"。

量子通信起源于利用量子密钥分发获得密钥加密信息。其原理是利用量子态的不可复制性，在通信光缆两端用量子加密，信息若被截获或复制，量子态被破坏后就会产生乱码，所以量子通信加密甚至被称为"绝对安全"的数据传输解决方案。

由于绝对安全的特性，量子通信在通信、保密、金融等领域有着巨大需求。习近平总书记在2013年中科院调研时指出："量子通信已经开始走向实用化，这将从根本上解决通信安全问题，同时将形成新兴通信产业。"兴业证券研究报告指出，未来，量子通信技术市场规模有望达到千亿元级别。目前我国量子通信已商业化。以潘建伟为技术指导核心的浙江神州量子网络科技有限公司的运营公司，将投入1.7亿元，建设"杭沪量子商用干线"，这是国内首条量子通信商用干线，建成后可实现沪杭区域内政府、企业、金融机构等通信数据的绝密传输。

在量子通信城域网方面，我国已建设完成合肥城域网、济南城域网；在量子通信干线方面，我国正建设世界最远距离的光纤量子通信干线京沪线，预计将于2016年前后建成。此外，中国计划在2016年先于欧美发射量子科学实验卫星。作为通信技术的未来演进方向，量子通信业终将进入广域网、城域网等公网市场内。

（三）把握行业发展机遇

机遇总是垂青有准备的人。我们要把握职业发展机遇，就必须在了解行业发展动向的基础上，做好积极的准备。具体来说，可以就两个问题展开思考并采取行动。首先，我们要清楚职业所属的行业是否有发展前景。我们可以通过网络、报纸等媒体关注国际经济走向，了解国家及地区政府对经济发展的政策，从中把握重点行业、新兴行业。其次，我们要知道有关行业具有怎样的发展前景，需要怎样的从业者。这需要我们关注行业的发展动向、行业与行业之间的相互影响以及行业中出现的新技术、新原料、新工艺、新职业等，并以此制定自己的职业生涯，为将来服务于职业做好准备。

案 例

司机的职业发展

刘强是某交通职校1998年毕业的学生。毕业后，他一直从事出租车驾驶员的工作，十多年来小有积蓄，于是寻找投资项目，想干一番事业。2011年我国新交规出台后，"酒驾入狱"规定引起高度关注,"醉酒"驾车不撞也直接判刑,这让刘强看到了"代驾"的巨大商机,经过认真调研,积极筹备,刘强的代驾服务公司成立了,目前主要的代驾业务有酒后代驾、商务代驾、旅游代驾及长途代驾等。

> **知识链接**
>
> 七大战略性科技项目
>
> 《中共中央关于制定国民经济和社会发展第十三个五年规划的建议》指出,以2030年为时间节点,再选择一批体现国家战略意图的重大科技项目,力争有所突破,提出了七大战略性新兴产业。在航空发动机、量子通信、智能制造和机器人、深空深海探测、重点新材料、脑科学、健康保障等领域再部署一批体现国家战略意图的重大科技项目。已经部署的项目和新部署的项目要形成梯次接续的系统布局,发挥市场经济条件下新型举国体制优势,集中力量、协同攻关,为攀登战略制高点、提高我国综合竞争力、保障国家安全提供支撑。

三、区域经济发展动向分析

一个人职业的开始除了要选择行业,还要选择地区。不同的地区有不同的经济特点,对同一行业的作用有所差异,这就需要我们认真研究区域经济,将自身职业生涯与区域经济有效结合,在区域经济发展中成就自己的事业。

(一)了解区域经济及其发展动向

区域经济是指某一地区的经济状况。我国地大物博,每个地区自然资源、基础设施、经济发展程度各不相同。改革开放后,我国政府按照效率优先的原则鼓励东部地区率先发展,并提出了"梯度推移"的战略构想。于是,随着东部地区利用沿海优势和国家政策日益发达,东西部地区经济差距不断扩大,面对这种情况,我国政府提出了:深入推进西部大开发,全面振兴东北地区等老工业基地,大力促进中部地区崛起,积极支持东部地区率先发展的区域发展总体战略,健全区域协调互动机制,形成合理的区域发展格局。这一发展战略,为各地政府及全国人民指明了我国区域经济发展的总体布局。

知识链接

武夷山市发展目标是建设经济发达、人文荟萃、环境优美、充满生机的"海峡西岸国际性旅游度假城市"。"十一五"期间，在海峡西岸经济区绿色腹地的建设中率先崛起，把城市建成具有较强辐射功能的海峡西岸经济区绿色腹地次中心城市，成为海峡西岸旅游的重要支柱、闽台合作的重要基地、南接北联的重要通道、全省文化的重要窗口、绿色腹地的重要平台。加快旅游中心、会议会展中心、文化中心、交通物流中心和茶叶产业中心的建设步伐，使"四个武夷"显现威力，力争比全国提前5年、比全省提前2年，到2015年实现生产总值比2000年翻两番，全面实现宽裕型的小康社会。到2020年，要基本形成旅游环境优美、布局合理、经济繁荣、基础设施现代化、旅游服务设施完善、社会环境良好的比较发达的旅游度假城市，为实现"国际性旅游度假城市"打下坚实基础。到2025年，要使城市人均GDP达10 000美元等重要指标，基本达到国际性旅游度假城市的指标体系要求。

内蒙古位于我国北部边疆，是我国民族区域自治制度的发源地，煤炭、有色金属、稀土、风能等资源富集。西部大开发以来，在国务院的指导下，内蒙古充分发挥资源丰富、靠近市场、基础较好的优势，做大做强特色优势产业，加快构建多元化的现代产业体系，把内蒙古建设成为国家战略资源支撑基地和新的经济增长点；大力实施沿边开放战略，依托重点口岸和合作园区，加快国际通道、对外窗口及沿边开发开放试验区建设，深化与俄罗斯、蒙古等国家的经贸合作与交流，发挥内引外联的枢纽作用，努力构建面向北方、服务内地的对外开放新格局；坚持和完善民族区域自治制度，发扬民族团结的优良传统，全面落实各项民族政策，大力繁荣民族地区经济，切实增进各族人民福祉，筑牢我国北方安全屏障，建设民族团结、经济繁荣、社会进步、边疆稳定的民族自治区。

（二）区域经济发展中的机遇

为了实现社会主义现代化和中华民族伟大复兴，我国地方政府以当地特色资源为基础，整合开发特色资源，做大做强；立足传统产业，结合时代要求，改造创新；促进新兴产业崛起，积极扶持，实现产业结构优化升级。在良好的经济环境中，我们要在多元经济发展形势中顺势而为，找到适合自己的就业、创业之路。

地方政府在国家的帮助下，集中投入资金、引入技术，培植主导产业，这给职业发展带来了更多的机会。我们平时多了解地方政府的经济政策，关注当地重点行业的发展动向，根据行业对从业者要求的变化,及时调整自身的职业素质培养计划,主动适应职业发展要求,把握区域经济发展中的机遇。

案 例

小玲的品茶项目

福建武夷山是全国有名的旅游胜地,小玲的家就在山脚下。小玲是某中等专业学校旅游专业的学生,毕业后就在当地做了一名导游。小玲的父母从事茶叶种植,但茶叶的销售收入却一直不高。在带团的时候,经常有游客向她打听各种茶叶,想要品尝后带点回去。于是热心的小玲带他们一家家跑。过后小玲就一直在想,如果在游客的旅游项目中安排品茶,那对游客和茶农是否都是一件好事?为此,小玲对多批游客进行调查,又认真听取茶农的意见,最后,将自己整理的分析报告提交给公司。现在,小玲负责旅游中的品茶项目,她把茶农手中的茶叶按品种、质量分类,组织人员认真学习茶文化,布置游客休息参观品茶的场所……许多去武夷山旅游的游客,往往能在游山玩水之余,于一室清雅的竹桌竹椅中,听着悠悠茶文化的讲解,看着娴熟的茶叶冲泡技法,用各种不同茶杯品尝着不同茶的味道。临走时,买下自己喜爱的茶叶,回家与家人共享。

一、练习

1.请分析自己的家庭状况并谈谈对你职业规划的影响。

2.写出你所学专业的相关行业,就其中某一行业了解其发展状况。

3.你所在地区有哪些重点行业,当前政府的经济政策是什么?

二、拓展

在所学专业的相关行业中选择你所喜欢的行业,调查分析其在本地的发展前景,找出其中隐藏的有利于中职生职业发展的机遇。

第三单元　职业生涯发展目标与措施

寄　语

　　每个人的心目中都有自己的目标，目标是我们人生航程的灯塔，是指引我们前进的旗帜。有目标我们才会执着地去追求，中华民族为实现伟大复兴的中国梦，正一步步从解决温饱、达到小康再到实现现代化的目标征途上稳步前行。同学们，我们要想实现自己职业生涯的目标就应制定合理规划和切实有效的履行措施，在此基础上激发自己奋发向上，成为国家栋梁之材。

案　例

　　小陈父母做水产批发生意，在家乡紧邻海边的县城有个颇具规模的水产批发中心。中学毕业后，由于中考成绩不理想，小陈父亲想让他跟自己一起做批发生意，等了解、熟悉行情后再接手；可小陈有自己的想法，他想学美容美发，将来成为一名职业美容师，还要开自己的美发店。父亲说服不了小陈，只能同意，并送他去一所职业学校学习美容美发专业。在校期间小陈认真学习专业知识和技能，课余时间去学校理发店打工，寒暑假主动到县城理发店打工实习；毕业后，又自费去广州、上海学习时尚剪烫和造型技术；学成后在县城一家最大规模的时尚造型室做美发造型师。两年后，已是主管的小陈婉拒老板的高薪挽留，自筹资金开了自己的第一个美发店，凭借高超的技艺，热情周到的服务，小陈的生意越做越火。一年后小陈在县城拥有三家分店，他自信地说，明年将在上海这个国际大都市开一家真正属于自己的时尚造型设计店！小陈的梦想一定会实现的。

思考：

1. 小陈取得了成功，他的自信来源于什么？
2. 作为职校生的你给自己将来定了什么目标？

▶▶▶ **本单元要解决的问题：**

1. 为何要确立目标？
2. 如何确立近期目标？
3. 制定发展措施的要素有哪些？

主题 6　确定发展目标

目标导航

1. 能明确目标对个人职业生涯发展的重要性，熟悉职业生涯发展目标的内容。
2. 会结合自己实际，运用目标选择的方法，合理选择与确立自己的职业生涯发展目标。

议一议

人生是否应该有明确的目标？明确的目标对职业生涯发展有何作用？

一、职业生涯发展目标的构成

（一）职业生涯发展需要明确目标

在了解自己的基础上选择适合自己的发展方向，明确具体的发展目标，及时抓住机遇，扬长避短地发展自己，在职业生涯发展的道路上就会比较顺利。

1. 明确目标能给我们指明方向

看一看

哈佛大学曾对一群智力、学历、环境等客观环境都差不多的年轻人，进行过一个长达25年的跟踪调查。其调查结果和结论如下表。

比例	3%	10%	60%	27%
目标	有清晰且长期的目标，一直未改变过目标	有清晰的短期目标	目标模糊	没有目标
25年后	成为社会各界的顶尖人士或行业领袖。拥有的财富是其他97%人的10倍还多	成为各行各业不可或缺的专业人士	安稳地生活与工作，但都没有什么特别的成绩	生活在社会的最底层，过得很不如意，常常失业，靠社会救济，时常抱怨他人、抱怨社会
结论	目标对人生有巨大的导向性作用			

没有目标的人，如同航行在茫茫大海中的孤舟，没有方向，不知所终。恰当的目标，就是我们漫漫职业生涯途中的灯塔，指引我们走向成功。在生活和工作中，我们有了明确的目标，就有了奋斗的方向，就会产生强大的动力——聚集才华，激发潜能，将理想变成现实。

案 例

小任的父母是从事古玩生意的老板，家里有两个规模不小的古玩店，父母希望小任毕业后能够子承父业，把家里的生意打理好。小任在校时就对水产养殖很感兴趣，加上在职校所学专业和水产养殖相关，因此，毕业后他和两个同学一起回老家承包了五百亩水面，搞起了水产养殖。开始也遇到了一些困难，比如资金困难、鱼虾生病等。凭借他们不屈不挠的个性，困难被他们一个个地都克服了。三年下来，水产养殖取得了大丰收，他和同学不仅还清了贷款，还净赚了一百多万。小任他们计划今年再承包五百亩，扩大养殖规模。回顾自己走过的路，小任庆幸自己当初的选择没有错。他坚信只要确定目标，坚定不移地走下去，就一定会成功。

思考：
1. 小任为什么放弃回家打理自家的古董店？
2. 小任的成功说明了什么？

2. 目标的实现能给我们带来成功的喜悦

案 例

新生活从选定方向开始

比赛尔是非洲撒哈拉大沙漠的一颗明珠，每年都吸引着成千上万的游客。据说，过去比赛尔的人从来没有离开过这片土地，不是他们不愿离开，而是尝试过很多次，无论从哪个方向走，最后还是转回到出发地。

探索者莱文非常纳闷比赛尔人为什么走不出大漠？他雇了叫作阿古特尔的当地人带路，想看看到底为什么。他们带了半个月的干粮和水，牵了两峰骆驼，莱文收起指南针，只撑着一根木棍跟在后面。十天过去了，他们大约走了八百英里的路程，果然又回到了比赛尔。这样，莱文终于明白，比赛尔人之所以走不出大漠，是因为他们根本不认识北斗星。

菜文在离开比赛尔时,带上阿古特尔,告诉他白天休息,晚上朝着北面的那颗星星走。阿古特尔照着去做,三天之后果然走出了大漠。阿古特尔因此成为比赛尔第一个走出大漠的人。他的铜像被矗立在比赛尔小城的中央,铜像底座上刻着一行字:新生活从选定方向开始。

思考:

比赛尔人走不出大漠的原因何在?从本案例中我们得到什么启示?

心理学家大卫·沃森强调确立目标的重要性,他说:"追求目标,即使没有达到目标,也可以带来幸福和积极的情感要素。"可见,一个人坚定持久的目标,可以让我们的心紧紧地系在追求的幸福上。实现目标的过程,是个人奋斗的过程,能使我们生活充实,同时也能带给我们职业和生活的幸福。追求目标,有时需要忍受一时的痛苦和挫折,但会使我们在面对任何困难时,更加坚强。

(二)职业生涯发展目标的分类

案 例

一位会计专业职校生的职业生涯目标

①总体目标:成为一名企业财务主管。

通过对会计专业对口岗位的了解和自我分析,认为自己属于有耐心、有责任心且讲求诚信的人,认为自己在财务管理方面比较合适,因此我今后会向这一方面发展,从会计基础岗位做起,一步一步地历练自己,以达到总目标。

②阶段目标:

A. 短期目标(在校5年)

在学校里,认真学好专业课,把握好基础知识,增强动手能力。争取在毕业前考取会计上岗证证书。

B. 中期目标(毕业后2~3年)

学习方面:加强业余学习,努力提高自己的文化修养和素质。在大专学历的基础上,文凭力争达到本科。

工作方面:力争工作稳定,业务精通,专业技术职称达到初中级。

C. 长期目标（5～10年）

学习方面：进一步学习财务专业知识，积极参加企业管理方面的培训和学习。

工作方面：工作稳定，能独当一面，业务能力较强，争取成为企业财务主管，专业技术职称达到高级。

思考：

这位同学是怎样确立自己职业生涯发展目标的？

1. 职业生涯发展的近期目标

想一想

目前，在校期间你有何打算？

近期目标就是当前所面临的第一个目标。再远大的事情也需要从眼前的事情做起，可以说，近期目标是迈向长远目标的第一步。

近期目标的最大特点就是只要自己努力就一定能实现，所以，近期目标一定是切实可行的，不仅看得到，而且摸得着。它常常表现为具体的行动，这里所说的行动是指包括工作、学习、教育、培训等方面的计划和措施。

对于我们而言，职业生涯发展的近期目标就是对自己要学什么专业课程、参加什么技能训练、加入什么社团活动、阅读什么课外书等方面做出选择，并筹划好措施，以便保质保量、持之以恒地完成，使自己尽可能在正式从事某个职业前具有优秀的素质，为继续实现阶段目标、长远目标打下坚实的基础。

看一看

近期目标

- 是阶段目标和长远目标的初始化、具体化；
- 是最清楚的目标，有明确的过程和结果；
- 可操作性强；
- 一般为一至两年内的目标。

2. 职业生涯发展的中期目标

职业生涯的发展是有阶段性的。不同阶段所面临的问题不同，目标也不同。

阶段目标是根据个人的具体情况所做出的实现长远目标的具体计划。阶段目标的确立，是实现长远目标的重要保障。阶段目标介于近期目标与长远目标之间，起着承上启下的作用。一方面，阶段目标要服从长远目标，也就是要根据达到长远目标所要经历的台阶和所需要的时间，采用倒计时的方式一步步往回倒着设计，将长远目标分解为与之方向相同的一个个阶段目标。另一方面，阶段目标又与近期目标密切相关，近期目标的制定和更替是为不断实现阶段目标做准备的。

打个比方，阶段目标就是引领我们从眼前的近期目标一步步走向未来目标的"路线图"和"里程碑"。如果没有这些"路标"的指引，我们很难把眼前的学习、训练和未来的职业成功连接起来，因此，有无阶段目标，常常是我们判断职业生涯设计优劣的重要标志。

因为要起到"路线图"的指引作用，所以阶段目标相对于长远目标要具体一些，要有明确的方向性和顺序性，还要有"里程碑"的激励作用，所以阶段目标还应该是近期目标的向前延伸和向上拔高，既让自己"可望"，又要有适当的高度让自己"努力方可即"，也就是必须"跳一跳才够得着"，以激励自己积极向上攀登。

看一看

中期目标

- 通常与长远目标保持一致；
- 结合自己的志愿和环境要求来制定；
- 有明确的时间进程；
- 能让自己充满信心，愿意公之于众。

3. 职业生涯的长期目标

长远目标，就是沿着职业理想指引的方向，所确立的最远期的奋斗目标。长远目标不是马上能实现的，是通过职业生涯的一步步努力而实现的。长远目标是一个职业生涯发展的骨架，是决定职业生涯规划成功与否的关键性因素。

长远目标离我们的人生理想最近，从某种意义上说，长远目标体现了我们为理想所做的最高设想，它可以成为我们追求职业成功的原动力。有了长远目标的支撑，我们往往能专注于某个专业的学习，会对某个职业产生认同感、责任感和使命感，甚至还会对某种事业充满自豪感和光荣感，直至献身其中。

> **看一看**

长远目标

- 是认真选择的结果，符合自身和社会发展状况；
- 非常符合自己的价值观，能让人产生职业自豪感；
- 既具有挑战性，又有经努力而实现的可能性；
- 在设计时以勾画轮廓为主，不具体，能随着外部环境的变化而变化。

> **知识链接**

科学的长远目标，应符合五项标准：
- 精心选择：应是自己认真仔细思考而谨慎选择的目标；
- 认真评估：每种选择的结果，都认真做过评估；
- 充满自信：为自己的选择感到骄傲，充满信心；
- 符合实际：适合自己的生活模式，符合自己的价值观，符合社会要求；
- 主动实践：自觉、自愿地付诸行动。

> **做一做**

你的职业生涯发展目标：

短期	
中期	
长期	

二、职业生涯发展目标必须符合发展条件

> **案 例**

小王的转型

小王细心、热情、肯干，从职业学校毕业后，他应聘在无锡一家汽车修理公司做修理工。当时汽车修理业务在社会上需求很旺，做这一行的收入也还不错，而且符合小王的性格、能力，他做起来得心应手。但是，一年后，小王发现随着无锡经济的高

速发展，单位和私人拥有越来越多的外国车，如果开设一家专门修配外国汽车的修理厂生意一定会很好。在冷静分析后，小王认为自己现有的能力还可以做更有挑战性的工作。于是，他在工作之余，对无锡外国汽车市场进行调研后，开始利用业余时间进修外国汽车修配专业的课程。后来，他和朋友合开了一家专门修理外国汽车的修配厂。现在，小王已在苏州、常州等地新开了多家分公司。

思考：

小王成功转型的原因是什么？

每个人都处在一定的社会环境之中，个人的生存、发展是个人适应社会、融入社会的过程。个人的职业生涯发展策划不是闭门造车，一定要符合社会条件，而规划的最终实现也要取决于特定的社会因素和社会条件。

1. 依据自我认知

职业生涯发展目标的确立，应围绕自己，依据自己，同时要适合自己。应从以下四方面来审视自己：

① 识别自己的职业兴趣；

② 了解自己的性格特征；

③ 认清自己的能力特长；

④ 明确自己的工作价值观。

2. 依据所学专业

说一说

我所学的专业名称	
思考：根据目前所学专业，我初步打算将来的职业目标是	

个人所学的专业是职业生涯规划的基础。确立职业生涯发展的目标，应紧紧围绕自己的专业来确立，才能学以致用，也具有现实的可行性。

3. 根据外部环境

个人的发展离不开社会大环境和行业、企业的环境。个人职业生涯发展目标的确立，也要围绕社会的发展，围绕行业的需求，紧紧把握时代脉搏，摸准将来所从事行业的前景，及早定位，准确定位，才能更好地融入社会，满足行业需求，服务自己将来所在的工作单位。

知识链接

确立职业生涯目标六准则

① 清晰性原则：考虑目标、措施是否清晰、明确？实现目标的步骤是否务实有效？

② 挑战性原则：目标或措施是否具有一定的挑战性。

③ 适应性原则：目标或措施是否有一定的缓冲性？是否能根据外部环境的变化而做适合的调整？

④ 一致性原则：总体目标与分目标是否一致？个人目标与组织发展目标是否一致？

⑤ 激励性原则：目标是否符合自己的兴趣、性格和能力特长？是否能对自己产生内在激励作用？

⑥ 合作性原则：个人的目标与组织的目标，是否具有一定的合作性与同向性？

知识链接

确立有效目标的"SMART"方法

① 具体的（specific）

② 可以量化的（measurable）

③ 能够实现的（achievable）

④ 注重结果的（result-oriented）

⑤ 有时间限制的（time-limited）

在选择职业生涯发展目标时，为什么说"适合自己的，才是最好的"？

三、职业生涯发展目标的选择

【名言】

凡事想要做成的话，总是要在理想和现实之间做出可能的选择。

> **说一说**
>
> 毕业后你有何打算？
>
> 大学深造　　　　　　　就业
>
> 出国留学　　　　　　　自主创业

你做过重大决定吗？对职业生涯发展目标，特别是长远目标的选择将影响一生，应通过预测、衡量、比较，即"筛一筛、量一量、比一比"后，再做出选择。

1. 不同时期职业生涯发展目标的选择

人的职业生涯可大致分为职业准备期、职业选择期、职业适应期、职业稳定期、职业衰退期和职业结束期。在职业生涯的不同时期，我们应当有不同的职业生涯发展目标，而且这些目标都不是一成不变的，也会随着年龄和职业经历的变化而随时调整。

职业生涯时期	目标选择
职业准备期	● 科学地确定职业生涯发展的长远目标； ● 积累专业基础知识，训练专业基本技能； ● 初步获得职业入职资格
职业选择期	● 以长远目标为导向，根据社会需要和自己的素质与愿望，及时做出"人职匹配"的职业选择； ● 如果发现初次选择有偏差，及时进行调整或进行再次选择
职业适应期	● 通过"人职权衡"找出差距； ● 通过调整、弥补、转换的方式，积极适应职业岗位要求
职业稳定期	● 逐步实施阶段目标的计划，尽力使自己的能力得到发挥和提高，潜力得以发掘； ● 拓展自己对工作和组织的宽广视野； ● 争取做职业领域中的行家里手、出色人物； ● 培养自己"训练和教导他人"的能力
职业衰退期	● 整合个人经验与智慧，继续提升自己的职业素质； ● 力求成为职业、专业方面的杰出人才； ● 继续向职业生涯的长远目标迈进
职业结束期	● 将自己的经验提供给别人； ● 做好职业角色移交工作

2. 职业生涯发展目标选择的方法

在现实中，有人选择的目标像蓝天上的白云，美丽但飘忽不定；也有人的目标像夜空中的明月，鲜明但却遥不可及；还有人在选定目标时一味追随社会潮流，而忽略了个人的兴趣和潜质；更有甚者干脆由他人替自己做主。这样选定的目标最终只是永远也变不成现实的空想。

要想正确选择职业生涯发展目标，让自己每个时期的努力都能和自己最终的美好愿望形成一个科学的、紧密的连接，让目标发挥指引定位和方向的作用，必须掌握科学的方法。

知识链接

1. 取己所长。通过对自己能力、潜力的认识和评测，真正了解自己；通过自我认识和检验，找到自己的长处，弄清"我能干什么"。

2. 为职业机会打分。随时评估环境变化给自己的职业生涯带来的机遇和挑战。弄清了这些，就会明白对于自己来说，什么是可以做的，什么是不能做的。

3. 懂得取舍。有时，目标之所以不能实现，是因为太多的目标让人无所适从。所以，在选择职业生涯发展目标时应该明智地做出取舍，懂得什么该保留，什么需暂时放下，什么该彻底放弃。只有这样，才能做出正确的选择。

4. 倾听他人的建议。在制定职业生涯规划的过程中，总有一些人的意见和建议是可以借鉴的，这些人可以是上级领导，也可能是父母、亲友，还可能是老师、同学。正所谓旁观者清，这些来自周围不同角色的建议，可以使人在选择职业生涯发展目标时更清醒地认识现实与理想的差距到底有多大，甚至还可以让人在未来的职业生涯发展中少走弯路。

5. 合理排序。人的职业生涯是由低到高步步递进的，职业生涯发展目标有高低之分，实现这样的目标也有难易之分。因此，在选择职业生涯发展目标时，应当加以区分，合理排序，从易到难，循序渐进。

一、练习

请同学们分成几个小组，每组选择不同的填装方法，往相同形状、容积的瓶子内填装石块、小石子和沙子。看看按照哪个方法填装，瓶子里的石块、小石子、沙子的量能达到最多。为什么？

讨论：如果这个游戏中的瓶子就是我们职业的生涯，石块、小石子、沙子代表不同的目标选择，要想让我们更成功，应如何选择、安排自己的人生目标？

二、拓展

与身边的父母、老师、学长等交流，了解他们在职业生涯不同时期的职业目标有何不同，并总结他们是如何选定这些职业目标的。

主题7 构建发展阶梯

目标导航

1. 学会制定阶段目标，明晰阶段目标设计思路。
2. 明确近期目标的重要性，针对近期目标制定合理可行的改进措施。

议一议

你对几年的职校学习生活有何打算？想过针对目标制定合理的措施吗？

一、近期目标的特点以及设计思路

（一）近期目标的特点

有无阶段目标是职业生涯设计优劣的重要标志。阶段目标设计得是否合理，是长远目标能否实现的必要前提。阶段目标具有以下特点：

1. 近期目标是通向长远目标的台阶

任何人都不可能瞬间实现自己的人生目标，任何一个远大、宏伟的目标都不可能一蹴而就。职业生涯发展的目标是通过若干阶段目标的达成才得以实现。如果我们能科学设计和把握自己的每个阶段目标，那么，随着阶段目标的依次实现，我们与成功的距离就会越来越近。

我们想实现职业生涯的长远目标，就必须找到适合自己的职业生涯路径。而由长远目标一步步倒推出来的阶段目标就是在实现长远目标的道路上的一个个台阶。这些台阶排列组合在一起，就构成了一条通向长远目标的成功之路。

看一看

如果一分钱没有，想建造价值700万美元的水晶大教堂，能如愿以偿吗？常人难以想象，但美国人罗伯·舒乐以此为目标，制定了如下措施：

1笔700万美元的捐款； 7笔100万美元的捐款；

14笔50万美元的捐款； 28笔25万美元的捐款；

70笔10万美元的捐款； 100笔7万美元的捐款；

700笔1万美元的捐款； 卖掉1万扇窗户，每扇700美元。

结果到了第60天，获得100万美元的第一笔捐款；第65天获得1 000美元；第90天得到100万美元的支票；第8个月又获得100万美元；到了第二年再以每扇窗户500美元的价格请求人认购水晶大教堂的窗户；每月50美元，10个月分期付清。不足6个月，一万多扇窗户就全部认购完毕。

通过采取上述措施，历时12年，如愿以偿，一个可容纳一万人、金额2 000万美元的水晶大教堂全部竣工，成为世界建筑史上的一个奇迹，也成为世界各地前往加州的旅客必去瞻仰的圣地。

议一议

身无分文的罗伯特·舒乐博士最终如愿以偿地建造了实际价值2 000万美元的水晶大教堂，给我们怎样的启示？

2. 近期目标具有一定的高度性

是目标就要有一定高度，有一定的挑战性。阶段目标不是轻而易举就能达到的，而是必须努力拼搏，才能达到。这样既可以防止在原地踏步，避免出现懈怠，又能让人在目标实现后有成就感，起到激励作用。

3. 近期目标具有可操作性

近期目标要有实现的可能性，只要按照目标所规定的方法、步骤去做，并且具有可操作性，就能够实现。这可以让我们不会因目标遥不可及而失去信心，也让目标真正成为引路明灯。

4. 阶段目标之间具有关联性

各阶段目标都与长远目标在努力方向上密切关联，保持一致；同时，各阶段目标之间也彼此关联，前一个目标是后一个目标的奋斗基础，后一个目标是前一个目标的努力方向。

看一看

阶段式训练法是保加利亚著名教练伊万·阿巴杰耶夫所创造的，他认为人体有巨大的潜力，对外界环境有很强的适应能力，开始时对新的刺激不适应，经过一段时间的训练就会适应。这时如不进行新的刺激、新的适应，机能就得不到新的发展，训练水平也不可能达到新的高度。

以抓举训练为例，暂定第一阶段抓举重量为100千克，经过若干天的训练，运动员适应这个重量并且成功地连续举起100千克两次，就可以增加新的重量，从102.5千克至105千克，开始第二阶段的适应性训练。这样不断地增加重量，进行新的适应，使训练水平一级级地提高。

伊万认为，从一个阶梯上升到一个新的阶梯时，增加的重量要掌握好尺度，要考虑每个运动员适应期的长短。如果在一个新的重量阶梯上，运动员不能承受，则应回到原来的阶梯上，巩固两三天后再做调整。

议一议

举重运动员为何采用阶梯式训练法？对我们制定学习目标有何启发？

（二）阶段目标的设计思路

每个人的阶段目标各有不同，阶段目标的设计也因人而异。根据自己期望达到的标准，既可以按照时间段或自己的年龄段期望达到的标准设计自己的阶段目标，也可以按照知识增长、能力提升来设计自己的阶段目标，还可以按照职业任职资格标准的提高设计自己的阶段目标。

虽然阶段目标的设计方法多种多样，但设计思路却比较相似，常常采用的是逆向思维，也就是"倒计时"或"往回推"的方式，即根据实现长远目标所需要的台阶、时间、知识等，由长远目标到近期目标，往回倒推着进行设计、规划。

设计阶段目标，其目的都在于分步缩小现在和将来之间的差距，分阶段逐步提升自身素质，不断向更高的目标攀升。

看一看

一位调酒师的阶段目标

在校期间打好专业基础（18～21岁）；酒吧打工（21～23岁）；针对性学习调酒技艺（23～25岁）；调酒师（25岁）；开自己的酒吧（30岁）；向更专业的国际化水平发展

（24～35岁）；具有国际水平的高级调酒师（35岁）。

> 做一做
>
> 请结合自己的职业总目标，按自己的年龄分解阶段目标。

案 例

生活在农村的马海喜欢绘画和造型艺术，性格开朗外向，有创意。学饭店服务的他，根据自己的特点，制定了"当调酒师、开酒吧"的职业生涯规划。他选修了调酒课，课余又通过去图书馆、阅览室、上网等方式查阅更多调酒的资料。一有空就练练左右手立瓶、转瓶、倒花、切花等动作。通过关心集体，还当上了班委，有了提高组织管理能力的机会。他知道花式调酒是从调酒行业中发展出来的，讲究表演艺术与调酒技艺相结合，花式调酒是近几年酒吧兴起的职业，需要到大城市见世面才能学到时尚的前沿花式调酒。为了能进大城市的酒吧，马海把初次就业的目标定为普通酒吧的洗碗工，做到任劳任怨，确保酒具洁净无瑕。再凭借在学校练就的餐厅服务本事，当上既能欣赏调酒师的技艺，还能看看酒吧领班怎么工作的服务员。干两年，升任领班，留意老板如何经营酒吧，同时参加调酒师培训班。拿到职业资格证以后，想办法跳槽到高档酒吧打工，先当调酒师助理，在正式成为调酒师，争取参加调酒师竞赛拿个奖。

他的规划给自己当老板留了十年的准备期，即在毕业十年后，积累了经验，形成了人际关系网，存够了钱，再贷点款，和朋友合伙开一个有特色、能提供星级服务的小酒吧。当老板后争取成为具有国际水平的高级调酒师。在提高服务水平的同时，控制成本，滚动积累，把自己的酒吧做大。

他在规划的结尾表示："阳光总在风雨后，我相信只要我付出，我坚持，我努力，我向上，理想并不遥远，我的目标一定能实现。"

思考：

1. 马海职业生涯发展长远目标是什么？你觉得他的目标能实现吗？为什么？
2. 你自己职业生涯发展的长远目标是什么？如何一步步地实现自己的长远目标？

二、近期目标的重要性和制定要领

案 例

小王是一所职业学校计算机网络技术专业的学生，他在老师的帮助下，对自己的未来发展做了详细的规划。下面是他职业生涯规划中近期目标的部分，也就是在校学习期间的规划。

1. 第一学年第一学期参加职业指导培训，在专业老师的指导下进行职业兴趣评测，了解自己、了解专业性质，明确职业方向，树立职业目标，制定"职业生涯规划"。
2. 第一学年第一学期参加计算机技术技能资格证考试，获得计算机一级资格证书。
3. 第二学年第二学期参加全国英语等级考试，获得一级英语等级证书；参加校内的日语培训班，能够进行简单的日语常用语交流。
4. 完成两年计算机专业知识的学习，各科平均分不低于80分，为继续大专学历的学习打好文化基础。
5. 在校期间，全面发展，担任班干部、加入学生会，有意识地培养自己的管理能力，争取获得"三好学生""优秀学生干部"荣誉称号。
6. 在第三学年的实习中遵守实习单位的规章制度，运用所学的专业知识，不断锻炼自己的综合能力，顺利通过实习，争取评为"优秀实习生"。
7. 以优异的成绩毕业，争取获得"优秀毕业生荣誉称号"。

思考：

小王制定的近期目标有什么地方值得我们学习？

（一）近期目标的重要性

近期目标是职业生涯规划中最重要的阶段性目标，当近期目标不断地实现时，曾经遥不可及的长远目标就能达到。我们正处于职业生涯发展的关键时期，这既是确认发展方向的最佳时期，更是夯实职业生涯发展基础的有效时期，近期目标极其重要。

1. 俗话说："千里之行，始于足下。"要想最终走向阶梯的顶端，还要从我们脚下的这级台阶开始迈步。只有从具体的近期目标出发，才能一步一个脚印地前进。

2. 近期目标既是我们为实现职业生涯总目标而努力的起点，又是我们每个阶段目标的着陆点、启动点，它起着承前启后的纽带作用。

3. 每个人职业生涯目标的实现，都始于一个个近期目标的实现。既然是离我们最近的目标，甚至唾手可得，就说明它与我们的差距很小，比较清晰、明确，而我们制定跨越这一差距的措施也比较有把握，所以，让我们从实现近期目标开始努力吧。

（二）近期目标的制定要领

近期目标就是在短期内能够实现的目标，如接受什么样的学习和培训、学习哪些特点的知识、做出什么成绩、晋升到什么职位。制定近期目标的要领包括：

第一，只要努力就能够实现。制定近期目标不必定得太高，要从"稍加努力就能达到"的目标开始，使自己在攀登一个个台阶的初始阶段，能比较容易地品尝到胜利的喜悦，体验到成功的快乐，获得继续攀登的信心，增强向长远目标奋斗的决心。

第二，目标要具体，明确。不仅要表明需要完成的目标、所能达到的状态，还要列出措施，并保证措施明确得当、有可操作性，切忌空洞、不着实际。

第三，根据个人实际情况，近期目标要符合个体的性格、兴趣、特长，并能产生内在的激励作用。

第四，目标要具有可评估性。要有明确的实现限制及标准，以便进行检查和评估，为修正职业生涯规划提供可靠的依据。

三、围绕近期目标补充发展条件

案 例

小陈学会计专业，他定的长远目标是，毕业十年后成为一名会计师。为实现这一目标，他搭建了两个台阶：毕业后当一名合格的会计员，五年后成为主管会计。

确定近期目标后，小陈有意识地去了解本地企业对财会人员的要求标准，把自己的情况与职业的具体要求做了比较。通过调查分析发现企业需要财会人员但必须具备做事认真、工作精益求精、性格沉稳等素质。为此他在制订发展计划时，一方面，学好专业知识和技能，争取在近三年内拿到相关证书，另一方面，他还制定了日常生活中锻炼自己耐住寂寞、做事认真的计划。

思考：

同学们，你自己所学的专业是什么？有没有对自己的未来做一个长远的打算？

围绕近期目标补充发展条件，是在全面分析职业生涯发展条件与机遇的基础上进行的。首先要全面分析自己的现实状态与近期目标要求的差距，针对差距，补充发展条件。其次要着力于分析自己达到近期目标所具有的优势和差距，主要包括个性、道德水准和日常行为习惯、知识、技能等方面。在此基础上进一步挖掘自己的优势，强化发展自己的信心，明确自己与近期目标存在的差距，为制定"补短"的发展措施打基础。

在进行发展条件补充分析时，我们既要正视现状，更要预见未来，既要立足现实，又要把握变化。

同学们可以根据自己所学专业、兴趣爱好、性格特征、能力潜质，以及近几年国家和地区职业变化的趋势给自己做出评价。在现有的基础上，对自己通过努力可能获得的进步进行分析。这既是确定职业生涯目标的重要依据，也是制定目标实现计划的基础。要坚信：知识不够，可以通过勤奋学习来补充；技能较差，可以通过刻苦训练来提高；个性有弱点，可以通过努力来塑造。

细致、深刻、全面地了解自己，是提高职业生涯设计可行性的基础。其核心是要找准优势、找出差距。找准优势，才能有信心，才能在今后的职业生涯中更好地"扬长"；找出差距，才能根据职业发展目标的要求提升自己，才能及时"补短"。对未来的设计和为之付出的努力，决定了你最终会成为怎样的人。每个人都在变化，也有权利改变自己，每个人都是自己的主人。同学们，从现在开始努力行动起来吧！

一、练习

1.根据阶段目标的特点和"四要素",列出自己的阶段目标。

2.根据近期目标制定的要领和国家要全面建成小康社会的近期目标,对自己的近期目标做出评价。

3.在小组里交流各自的职业生涯发展规划,说明确定近期目标的理由,听取同学意见,讨论各自的近期目标是否恰当。

二、拓展

围绕近期目标补充发展条件 填写你的近期目标

	近期目标的要求	自己的优势	自己的差距
道德水准			
行为职业			
职业兴趣			
职业性格			
职业能力			
文化水平			
专业知识			
其　他			

主题 8　制定发展措施

1. 了解制定措施的几个要素。
2. 理解制定发展措施的重要性。
3. 结合自己的实际列出实现近期目标的具体计划。

案　例

马培恩是安徽农村的一名小伙子。职校毕业后，随叔父来江南在建筑工地打工，两年下来身心俱疲、一事无成，他感觉自己的人生一片黯淡，思来想去他觉得再也不能这样"混"下去了。于是他离开叔叔带领一帮人组建了自己的建筑队。他利用过去积累的人脉，印发传单到各个小区做宣传，同时报名夜大学习工民建专业知识，几年下来，生意做得风生水起，得心应手。

思考：

1. 马培恩的成功之路说明了什么？
2. 对作为职校生的你有何启发？

一、发展措施作用的重要性

人生要想成功，首先要有想法，不能安于现状，也就是说要树立目标和理想。

要实现目标，必须有实实在在的具体措施，即针对实际情况为实现目标而采取的方法。没有措施的规划，永远是纸上谈兵，只能是一个无法成真的美梦。我们要想实现自己的职业生涯发展目标，必须有个针对性强的措施。

目标成为现实，需要为之付出实实在在的努力。如果没有行动，目标只是"水中月、镜中花"，只能停留在空想阶段。职业生涯规划发展措施应当切实、明确，有可实施性，并在行动中落实，否则，规划只能是一纸空白。

1. 有利于实现职业生涯目标

年轻人都有自己的目标和理想，但光把目标和理想停留在口头上是永远不能取得成功的。要想实现自己的目标和理想，必须行动起来，制定切实可行的发展措施并在此基础上踏踏实实一步一个脚印。只有这样，我们才能实现自己的目标和理想。

2. 有利于提高学习能力

年轻人要把学习作为一种追求、一种爱好、一种健康的生活方式。会学习即有能力在自己的一生中利用各种机会，去更新、深化和进一步充实自己，使自己能适应快速发展的社会，具有可持续发展的职业生涯，最终能美梦成真。

学会学习，具有学习能力，是终身学习的必要条件。职业演变的速度在加快，知识、技能不断更新，转岗、晋升都需要再学习，对人们的学习能力要求越来越高。要想不落伍，中职生在学校除了学知识、练技能以外，还要有意识地提高学习能力。

掌握科学的学习方法，怎样学，比学什么更重要。

科学的学习方法能提高学习效率、增强兴趣和信心。

【名言】
授人以鱼，不如授人以渔。授人以鱼只能救一时之急，授人以渔则可解一生之需。

注意力、观察力、记忆力、思维力、想象力是最基本的学习能力。学习能力是在日常学习中形成的，能在平时学习实践中提高，在训练中得到强化。青少年时代形成较强的学习能力，是终身学习的基础。注意力是最基本、最关键的学习能力，是提高学习能力的先决条件。注意力不集中是学习比较吃力的主要原因。上课时走神、玩手机、看小说、睡觉、说话等，是注意力差的具体表现。因此，通过改正上课时的这类行为，有意识地提升注意力，是职校生提高学习能力首先要训练的项目。

说一说

课堂上你认真听讲了吗？有没有集中注意力？

所谓观察力是指有目的、有计划、有思维地看到，并在此基础上产生新的想法、新的认识，思维参与程度深，才能称之为观察力强。职校生整个职业生涯发展过程中都离不开观察力。观察力既是"做中教，做中学"过程中不可缺少的能力，也是在日常生活、日常职业活动中，终身学习、不断提升职业素养的必要能力。学习技能操作，必须在观察教师、师傅和同行的动作时，归纳总结出其中蕴含的规律，思考为什么这样做和怎样做能更好。在熟练掌握动作要领的基础上，才有可能比他人做得更好，才有可能对这种动作有所改进、有所创新。

找一找

寻找身边整天"混"日子的人和有目的、有规划、埋头实干的人的例子。

现代社会是一个信息爆炸的时代，这就需要强大的记忆力。记忆力训练的关键在于有记住的动力，对要记住的知识点、技能要有兴趣。在乐于学、善于学和勤于学的基础上，侧重不同的训练方法。

赛一赛

同样的一段文字或一组数据，看谁在最短的时间内准确无误地记住。

学习能力，除了最基本的注意力、观察力、记忆力、思维力、想象力以外，还有理解力、创造力、收集力和处理信息的能力、口头和文字的语言表达能力以及适应社会、融入社会的社会能力等。这些能力的形成，是相辅相成的。在有意识强化某个学习能力时，相关学习能力也能得到提升。

说一说

班上谁的学习能力最强？为什么？

创造力就是用自己的方法创造新的、别人不知道的东西，是产生新思想、发现和创造新事物的能力，想别人之不敢想，有时被人称之为异想天开。其实，创造力不是智力高的人独具的能力，那些具有进取心、自信心、好奇心、求知欲强，兴趣广泛、反应敏捷、意志顽强的人，都会有较强的创造力。

练一练

选几位同学，请他们每人提出一件事或一个项目。在座的同学用发散、逆向思维或其他方法，想出新主意。

比一比

看哪位同学提出的事更能引发大家思考，看在座的哪位同学想出的主意让人耳目一新，有独到之处。

查一查

上网查查其他训练创造力的方法以及创新的思维方式。

案 例

灯泡的诞生

爱迪生从小就对很多事物感到好奇，而且喜欢亲自去试验一下，直到明白了其中的道理为止。长大以后，他就根据自己这方面的兴趣，一心一意做研究和发明的工作。他在新泽西州建立了一个实验室，一生共发明了电灯、电报机、留声机、电影机、磁力析矿机、压碎机等总计两千余种东西。爱迪生的强烈研究精神，使他对改进人类的生活方式，做出了重大的贡献。

早在1821年，英国的科学家戴维和法拉第就发明了一种叫电弧灯的电灯。这种电灯用炭棒作灯丝。它虽然能发出亮光，但是光线刺眼，耗电量大，寿命也不长，很不实用。因此，爱迪生就暗下决心："电弧灯不实用，我一定要发明一种灯光柔和的电灯，让千家万户都用得上。"

他的实验开始着手于灯丝的材料：用传统的炭条做灯丝，一通电灯丝就断了。用钌、铬等金属做灯丝，通电后，亮了片刻就被烧断。用白金丝做灯丝，效果也不理想。就这样，爱迪生试验了1 600多种材料。1879年10月，在一次偶然的机会下，爱迪生的老朋友麦肯基来看望他。爱迪生望着麦肯基说话时一晃一晃的长胡须，突然眼睛一亮，说："胡子，先生，我要用您的胡子。"麦肯基剪下一绺交给爱迪生。爱迪生满怀信心地挑选了几根粗胡子，进行炭化处理，然后装在灯泡里。可令人遗憾的是，试验结果也不理想。"那就用我的头发试试看，没准还行。"麦肯基说。这句话深深地触动了爱迪生，但他明白，头发与胡须性质一样，于是没有采纳老人的意见，准备为这位慈祥的老人送行。他下意识地帮老人拉平身上穿的棉线外套。突然，他又喊道："棉线，为什么不试棉线呢？

麦肯基毫不犹豫地解开外套，撕下一片棉线织成的布，递给爱迪生。爱迪生把棉线放在U形密闭坩埚里，用高温处理。爱迪生用镊子夹住炭化棉线。准备将它装在灯泡内。可由于炭化棉线又细又脆，加上爱迪生过于紧张，拿镊子的手微微颤抖，因此棉线被夹断了。最后，费了九牛二虎之力，爱迪生才把一根炭化棉线装进了灯泡。此时，夜幕渐渐降临，爱迪生的助手把灯泡里的空气抽走，并将灯泡安在灯座上，一切工作就绪，大家静静地等待着结果。接通电源，灯泡发出金黄色的光辉，把整个实验室照得通亮。13个月的艰苦奋斗，试用了6 000多种材料，试验了7 000多次，终于有了突破性的进展。

但是，这灯究竟会亮多久呢？1小时、2小时、3小时……时间一分一秒地过去，这盏电灯足足亮了45小时，灯丝才被烧断。这是人类第一盏有实用价值的电灯。后来1879年10月21这一天被人们定为电灯发明日，标志着可使用电灯的诞生。

知识链接

最基本的学习能力

1. 注意力

注意表现为对一定事物的指向和集中。人在注意什么的时候，就在感知什么，记忆什么，思考什么或想象什么。注意力是观察力、记忆力、思维力、想象力的准备状态，是学习的先决条件，是提高学习效率的必要条件，所以注意力被人们称为心灵的门户，是智力活动的保证。

2. 观察力

观察是一种有目的、有计划、有思维参加的知觉。正因为观察中有思维参与，所以有人将观察称为"思维的知觉"，并把观察中的思维能力称作整体观察力的核心。观察力是智力活动的源头。

3. 记忆力

有了记忆，人才能积累经验。人的观察力、想象力、思维力和实际操作能力，都很大程度上依赖于记忆力。记忆力是学习知识的基础能力。

4. 思维力

思维是人脑凭记忆和想象对客观现实概括的、间接的反映。通过思维，人就可以认识那些每日直接作用于人的种种事物或事物的属性，也可以预见事物的发展变化进程。学习、巩固和运用，都离不开思维。人们称思维是智力的核心，思维力是学习的利剑。

5. 想象力

想象力是在感知材料的基础上经过脑的思维加工创造出新形象的能力。一切创造性的劳动都是从创造性地想象开始的，想象力是创造性智力活动的源泉。

二、措施的要素以及制定要领

（一）措施的三要素

实现目标的措施有三个要素：任务（含方法）、标准和时间。措施不但应该有实现目标的具体任务（含方法）而且要有完成任务的标准。时间包括两个方面：一是目标完成期限，二是落实措施的时间进度。

案 例

脚踏实地　追逐梦想

小张是一所职业学校的服装设计专业的学生。她的长远目标是成为一名知名服装设计师，近期目标是当一名为小企业服务的服装设计师。为了实现自己的近期目标，她制定了详细的发展措施。

1. 在校期间为毕业后当好服装设计助理和当上服装设计师打好基础。

一年级在年终考试中取得优异成绩，考取本专业初级证书。二年级获得服装设计资格证。养成良好的学习习惯，提高自学能力。课余时间多看一些专业书籍，周六、周日自学财经专业知识。在日常生活中，锻炼自己与陌生人打交道的能力。

2. 毕业后做小企业的服装设计师，为今后成为知名服装设计师铺路。

出外勤时，争取多跑公司服务的小企业，了解服务对象的需求，为小企业排忧解难，做到对本职工作尽职尽责。平时多向师傅学习，提高设计能力。日常工作中，正确处理与领导、同事的关系，争取得到老板的信任。

思考：

小张追求梦想的脚步对你有何启发？

近期目标要务实，围绕近期目标制定的措施要具体、可行、针对性强，而且要为长远目标的实现做铺垫，才有助于插上翅膀，朝着自己的目标飞翔。

（二）措施的三个制定要领

一是要具体，强调措施的内容要实在，清晰明确；二是要可行，强调措施要符合自身条件和外部环境，有可操作性；三是必须要针对性强，措施不但直接指向目标，而且指向本人与目标的差距。人的精力是有限的，针对性强的措施才能提高实现目标的效益和效率。

议一议

和同学互相交流彼此的职业生涯规划与发展措施，按措施要素和制定要领提出建议。

（三）制定措施的思路

1. 抽象与具体相结合的思路

实现近期或第一阶段目标的措施要更具体，第二阶段之后的发展措施，则可以抽象一些。之所以要具体，是因为第一阶段的目标是最重要的阶段目标，因而第一阶段的措施也是职业生涯发展措施中最重要的措施。后几个阶段的发展措施，会因为本人和环境等各项因素发生变化而需要改变和调整，而第一阶段目标的措施，则是马上就要执行的措施，必须可操作、有指标、易量化。

2. 循序渐进的思路

职业生涯规划第一阶段的发展措施，要针对三个方面：一是为近期目标的实现服务；二是为第二阶段的发展做铺垫；三是为长远目标的实现打基础。

3. 查漏补缺的思路

第一阶段措施的制定，不仅以全面提升自身素质为目的，更强调弥补自身条件与目标实现之间的差距。发展目标对从业者的具体要求与从业者自身条件之间的差距，既现有职业能力与职业要求之间差距，现有措施、技能水准与职业资格标准之间的差距，现有学历与岗位要求之间的差距，个人职业素养与职业要求之间的差距等，应当成为第一阶段措施制定的主要依据。

知识链接

职业生涯发展的"十要"

1. 要对现在从事的职业负责；
2. 要保持和谐融洽的人际关系；
3. 要优化你的交际技能；
4. 要善于发现变化和适应变化；
5. 要灵活转换职业角色；
6. 要善于学用新技术；
7. 要学习多种指南性知识简介；
8. 要摒弃错误观念，矫正不良习惯；
9. 要对就业单位事前多做摸底研究；
10. 要不断开拓进取、不断开发新技能。

三、实现近期目标的具体计划

措施必须去落实，否则目标永远无法实现。对已实现近期目标的措施，更要有实施的计划。我们应该学会制定执行计划，并用执行计划约束自己的行为。

习近平总书记指出，要把我国建设成为富强、民主、文明的社会主义现代化强国，实现中华民族伟大复兴的"中国梦"，为了实现这个宏伟蓝图，国家规定了五年发展规划。

我们要关注国家、所学专业对应的行业、自己家乡的有关经济发展计划。这种关注，既有利于职业生涯规划的调整，也有利于落实自身发展规划的措施，更有利于职业生涯规划与中国梦的契合。

我们在制订自己的计划时，可以借鉴国家为落实发展目标从宏观到微观的思路，但要从本人实际出发，落实的计划要更具体、更细致，有更强的可操作性。其实，坚持有计划地安排近期日程，就是一种珍惜时间的好习惯，就有助于生涯规划措施的落实和目标的实现。

措施的落实最终要落在每天的安排上,因此,日计划和每天的执行是关键。日计划是周计划的再一次细分。今天怎样度过?要做哪几件事?这就是每天的计划和具体安排。当天最重要的事,要在前一天做好计划,这样才能把握好每一天。养成了每天安排自己的工作的习惯,才能一步一个脚印,更快、更好地获得职业生涯的成功。想拥有美好的未来,就从现在做起吧!

读一读

成功没有偶然

小夏所学专业是物业管理,他的目标是将来拥有一家自己的物业公司。为实现自己的长远目标,他把毕业后到物业公司做一名合格的物业管理人员作为近期的目标。要做好物业管理员,就要具备物业管理知识,具有很强的沟通、组织、管理能力,具备积极的心理素质。为此,他制订了在校计划。

在校计划

知识学习:认真听讲,完成作业,学好英语,重点学好物业管理方面的知识,毕业前拿到物业管理相关证书。

提高能力:担任班干部,积极参加校、系组织的各项活动,提高组织协调管理能力、交际能力、团队协作能力。

社会实践:利用寒暑假到小区的物业管理公司实习,锻炼与人的沟通能力和物业管理能力。

说一说

请你说一说本学期在校的学习计划

职校生第一阶段的措施,都会涉及在校生活。这一阶段的目标和措施绝非仅为学知识、学技术,还需要综合素养的全面提升。成功没有偶然,机遇又是垂青有准备的人。为在校生活制订周密的计划,学会自我管理,是职校生职业生涯规划的重要特点。

一、练习
1.发展措施的重要性有哪些?
2.措施制定的要领有哪些?

3.用简洁的文字填写下表。

近期目标			
项目	标准	时间	办法
个性调整			
行为品德			
社会能力			
职业资格			
专业知识			

一、拓展

1.到企业做实际调查，或采访事业有成的师兄、师姐。

2.了解自己即将从事的职业及其所在行业对守纪律和责任心的要求，了解遵循这些规范对个人职业生涯发展的作用。

第四单元　职业生涯发展与就业创业

寄　语

机会永远垂青有准备的人。人的一生，关键的几步非常重要，因此，做好职业生涯规划显得尤其重要。在这一过程中，我们要端正就业观，积极行动起来，顺利跨越由"学校人"到"职业人"的角色转变，做好适应社会、融入社会的准备，掌握求职的基本方法。当条件具备的时候，积极投身于创业的大潮中，做一名时代的弄潮儿！

案　例

一个美国小伙子立志做一名优秀的商人。中学毕业后考入麻省理工学院，没有去读贸易专业，而是选择了工科中最普通最基础的专业——机械专业。大学毕业后，这位小伙子没有马上投入商海，而是考入芝加哥大学，攻读为期三年的经济学硕士学位。更加出人意料的是，获得硕士学位后，他还是没有从事商业活动，而是考了公务员。在政府部门工作了五年后，他辞职下海经商。又过了两年，他开办了自己的商贸公司。20年后，他的公司资产从最初的20万美元发展到2亿美元。这位小伙子就是美国知名企业家比尔·拉福。

思考：

1. 从比尔·拉福的成功之路中，你学到了什么或得到了什么启发？
2. 作为一个职校生，你的职业道路和拉福有什么不同？为什么？

▶▶▶ **本单元要解决的问题：**

1. 正确的就业观的具体表现是什么？
2. 求职的基本方法有哪些？
3. 创业者应具备的素质和能力都有哪些方面？

主题 9　正确认识就业

目标导航

1. 认识到就业在职业生涯中的核心地位。
2. 树立正确、务实的就业观。
3. 在正确择业观的引导下从现在开始积极行动起来。

看一看

"走好职业生涯第一步"

小明和小新是从小到大的好朋友，两个人一起进了职校学习数控专业，一起进入了某加工厂实习。不到两个月，小明因怕苦怕累离开了实习单位。小新却严格要求自己，踏实工作，积极向老员工请教技术上的问题，得到了企业的认可，一毕业，小新即被该企业提拔为班组长，两年后成为车间主任。

一、职业生涯发展与就业观

一个人的职业生涯能否成功，不仅取决于某一个时间或某一个时段我们做了什么，而且取决于我们在整个职业生涯发展中的表现。

知识链接

就业是指具有劳动能力的公民在法定的劳动年龄内，依法从事某种有报酬或劳动收入的社会职业。

就业是个人、家庭、国家安稳的基本前提，个人安心、家庭安定、国家安稳是连在一起的。古人说："无恒业者无恒产，无恒产者无恒志。"一个人只有从事某种职业、某项工作，付出劳动，获得经济收入，才能获取生活资料、维持生计、改善生活。同时，劳动者在自己的岗位上发挥聪明才智，还能够享受到、体味到劳动的喜悦，体验为社会创造财富和价值的成就感,实现有尊严的生活,实现自己的人生价值。对个人而言,就业是一个人生存、发展和实现自我价值的重要前提。有了就业,个人才有稳定的收入来源和生活保障,才会增强社会的归属感和安全感;对家庭而言,经济条件的改善可以减少家庭贫困,安居方能立业;对国家而言,有经济来源,人与人之间的收入差距就能缩小,就有助于促进社会公平,增进人际关系的和谐,维护社会稳定与社会发展。

就业观是人们对就业的目标和就业取向的追求。就业观念支配着对择业目标的期望、定位与选择,支配着对就业的看法、心态和行为。在求职过程中,广大毕业生必须树立正确的就业观念,摆正自己的位置,客观、冷静地进入求职状态,主动适应社会需要。

> **辨一辨**
>
> "爱一行,干一行" VS "干一行,爱一行"

树立正确的就业观,具体表现为:

(一)调整就业期望值

这就要求我们及时调整自己的就业理想和价值取向,调整就业期望值,拓宽就业范围,树立大众化就业观。比如就薪酬待遇而言,不一定非要高薪不可,从低薪就业开始,先赚取经验是很有必要的。

(二)提升自身素质

一方面要提升自己就业的能力。要认清用人单位的需求,有针对性地做好适岗准备。另一方面,要注意培养求职技巧,求职也是一门学问和艺术,涉及很多细节性问题,如言谈举止、交流沟通等,应在平时养成一些良好的习惯。这就要求我们在学好专业知识的同时,时刻注意把知识转化为能力和水平。

(三)适应严峻的就业形势

面对日益严峻的就业形势,我们必须明白,就业严峻是相对的,机会永远是为有准备的人而准备的。在校期间,就要积极参加各类社会实践活动,利用课余时间多接触社会,积累丰富的实践经验,加深对社会的认识。竞聘岗位时,要沉着冷静,从容面对;无论求职成败,都要自信乐观,要有越挫越勇的坚强意志。同时还应随时调整自己的职业规划,分析自己的实力、价值和需求，为自己的发展设定长远的目标。

想一想

经过深思熟虑，小李为自己定下求职"六原则"：钱多、事少、离家近、责任轻、升职快、福利好。我就是要一步到位，找到满足我所有要求的单位。小李先后与5家单位进行了面谈，竟没有一家单位录用。面临毕业的他尚未找到理想的工作。

试分析小李为何找不到合适的工作？

知识链接

正确的就业观念

不等不靠找市场　　不究性质谋单位　　不唯对口用所长
不贪安逸求发展　　不求定位先就业

读一读

有人向一位成功人士请教他成功的秘诀。
问他成功的第一要点是什么？
他说："行动！"
"那第二点呢？"
"行动！"
"那第三点呢？"
"行动！"

目前乃至今后很长一段时间内，全国各地的技术工人和高级技工奇缺。生产第一线的中高级技术熟练工人和管理人员是职业学校的学生应当瞄准的发展方向。因此，坚定不移地沿着职业技术之路走下去，是职校毕业生明智的选择。

读一读

"一等二靠三落后　一想二干三成功。"

二、就业形势与择业观

> **知识链接**
>
> 根据 2010 年 11 月 1 日零时普查结果，中国内地总人口 133 972 万人，全国劳动力资源人口为 92 148 万人，比 10 年前增加了近 1 亿人，就业劳动力为 78 500 万人，相当于所有发达国家劳动力资源的总和，劳动力资源供大于求的状况将长期存在。
>
> 预计 2016 年的高校毕业生人数仍将继续增加，可能达到 770 万人左右，城镇新增就业人数在 1 300 万人左右。
>
> 就业长期存在结构性矛盾，一方面招工难、一方面求职难，而工资相差较大则是主因。 在西安的一个招聘会现场，有报社对多家招聘单位和多位求职者进行调查，预期和能开出的工资，差距比较大，求职者一般要求在 3 000 左右，而招聘者只给 2 000 多。
>
> 在调查中发现，技术工人的待遇相当不错，有的月薪高达七八千，但在劳动力市场依然紧缺，很多企业依然面临招工难。

近几年我国劳动力市场数据统计

年　份	2012	2013	2014
新增劳动力总数 / 万人	1 113	1 300	1 100
下岗、失业人员数 / 万人	900	800	790
新增就业岗位 / 万人	1 300	1 100	1 322
剩余劳动力数 / 万人	713	1 000	568

读一读

我国未来就业形势很有可能有以下四大趋势：
一是劳动力供大于求的基本格局长期存在；
二是下岗失业人员再就业压力依然很大；
三是就业结构性矛盾十分突出；
四是来自新成长劳动力和农业劳动力向城镇及非农领域转移的就业压力越来越大。

作为一名职校生，我们应该在认清就业形势的基础上，从个人实际、社会需要和长远发展入手，树立正确的择业观，从而顺应经济社会发展，实现自己的职业理想。

第一，立足个人实际。在选择岗位时最基本的一点是立足个人实际。结合自己的性格、兴趣、爱好和优势，选择最适合自己的岗位。这样才能最大限度地发挥自己的潜能，使自己的职业生涯之路越走越顺。

第二，立足社会需要。我们在选择就业岗位时，不能只根据"工作是否体面、待遇高不高"等标准，对个人得失考虑过多，而应当立足社会需要，到社会最需要的地方去发挥自己的聪明才智，在奉献中实现自身的价值。其实，对我们职校生来说，做社会需要的工作，坚持做下去，并用心思考，成为行家里手，就有可能在某种职业岗位以及相关职业岗位上取得成功。

第三，立足长远发展。在选择就业岗位时，要目光长远。不能只计较眼前的利益，而要考虑到每个岗位今后可能发生的变化。其实，只要能够在岗位上发挥自己的优势和潜能，有机会学到新的东西，不愁明天没有成功的机会。

【名言】
"不谋全局者不足谋一域，不谋长久者不足谋一时。"
——[清] 陈澹然

就业问题是经济社会发展中的一个核心问题，备受关注。解决我国劳动就业市场的结构性供求矛盾，需要多方努力，更得假以时日，不可能一蹴而就。为了顺利实现体面就业的目标，必须加快转变经济发展方式，使发展主要依靠科技进步、劳动者素质提高、管理创新转变。同时要着力推动就业方式转变，有效强化人力资源开发，大力加强职业培训和创业培训，通过全面提升劳动者职业素质和就业能力，扩大就业，提高就业质量。

读一读

智联招聘近期对职场人第一份工作的调查内容显示，职场人第一份工作的工资呈明显的下降趋势。尽管各城市居民平均工资呈上升趋势，然而大学毕业生首份工作的工资水平却无法与几年前同日而语，更有学生迫于无奈提出"零工资"就业。

在参与调查的5 296名大学生中，69.2%都表示如果暂时找不到工作，愿意在一家相对理想的单位零工资就业。谈到原因，主要还是集中在积累经验上。在这近七成愿意暂时零工资就业的大学生中，又有近八成表示之所以可以接受零工资就业是想先积累工作经验，骑驴找马。也有一成的人寄希望于能够在工作中体现自己的价值，使雇主看到自己的长处，从而能够获得该单位宝贵的工作机会。

案　例

在一次招聘会上，北京某外企人事经理说，他们本想招一个有丰富工作经验的资深会计人员，结果却破例招了一位刚毕业的女大学生，让他们改变主意的起因只是一个小小的细节：这个学生当场拿出了两块钱。

人事经理说，当时，女大学生因为没有工作经验，在面试一关即遭到了拒绝，但她并没有气馁，一再坚持。她对主考官说："请再给我一次机会，让我参加完笔试。"主考官拗不过她，就答应了她的请求。结果，她通过了笔试，由人事经理亲自复试。人事经理对她颇有好感，因为她的笔试成绩最好，不过，女大学生的话让经理有些失望。她说自己没工作过，唯一的经验是在学校掌管过学生会财务。找一个没有工作经验的人做财务会计不是他们的预期，经理决定收兵："今天就到这里，如有消息我会打电话通知你。"女大学生从座位上站起来，向经理点点头，从口袋里掏出两块钱双手递给经理："不管是否录取，请都给我打个电话。"经理从未见过这种情况，问："你怎么知道我不给没有录用的人打电话？""您经理刚才说有消息就打，那言下之意就是没录取就不打了。"

经理对这个女大学生产生了浓厚的兴趣，问："如果你没被录取，我打电话，你想知道些什么呢？""请告诉我，在什么地方我不能达到你们的要求，在哪方面不够好，我好改进。""那两块钱……"女大学生微笑道："给没有被录用的人打电话不属于公司的正常开支，所以由我付电话费，请您一定打。"经理也笑了："请你把两块钱收回，我不会打电话了，我现在就通知你：你被录用了。"

思考：
你从案例中得到的启示是什么？

面对越来越难的就业形势，中职生要想立于不败之地，必须树立正确的就业观、择业观。只有学会根据主客观条件的变化，审时度势，脚踏实地，积极、务实地就业，才能够实现自己的目标，最终实现自己的人生价值和理想。

一、组织一场辩论赛,主题是:先就业再择业,还是先择业再就业。

1.全班选出10位代表,分成正反双方;

2.安排1名主持人,1名计时员;

3.设计好辩论程序和时间;

4.安排1位老师2名学生做评委。

二、结合本课内容,谈谈你对"一等二靠三落后 一想二干三成功"的看法。

主题10 做好就业准备

目标导航

1. 认识到踏入社会的角色转换。
2. 从各方面做好就业的准备。
3. 掌握求职的基本方法。

一、做好由"学校人"到"职业人"的角色转换

同学们现在扮演的最重要的一个角色就是"学校人",而不久后的将来大家就会进入社会,从事一定的工作,那时大家就会扮演另一个角色,就是"职业人"。从"学校人"到"职业人"是一次非常重要的角色转变,同时也是一次人生的跨越。对于职校生来讲,这不是一道不可逾越的障碍,而应该是一道职业生涯助力的跳板。

(一)认识"职业人"

职业人就是指有职业的人或是从事职业活动的人。从职业学校毕业后,我们会步入职场,它是我们发展与获取成功的重要场所。我们步入职业领域,需要及时从学生角色转换到职业人角色,只有角色转换成功,才能尽快适应社会、融入社会,否则必然在社会中碰壁。

案 例

一名"职业人"的一天

早晨他必须按时起床,因为需要赶公交车去上班,如果迟到了会影响工作,还有可能会影响到别人和整个公司的工作,而且也会影响奖金收入。上班前要整理仪容,挑选得体合适的服装,服装是否得体,往往在很大程度上影响着别人对你的看法。上

班后，需要和一些同事一起工作，他们的年龄、性格、专长都不相同，如果大家一起配合得比较默契，工作起来就会觉得愉快和容易一些。从早上一直工作到下午下班，中间可以有短暂的休息，但是必须很快地回到工作岗位上，因为很多工作是有时效性的，必须在期限内完成，一天下来，会觉得有些疲惫，也会有一种充实和满足感。因为每天都要工作，所以平时难得有机会和朋友联系，直到双休日和节假日，才能够比较自由地安排自己的休闲生活。

思考：
看了以上资料，你有什么感受？

（二）"学校人"与"职业人"的区别

身份	学校人	职业人
社会责任	学习知识、训练技能，为从业做准备	运用知识、技能，为社会做贡献
权利义务	依法接受教育，获取知识、精神、物质	依法从事职业，为社会服务，取得相应报酬
人际关系	受教育者，人际关系简单	被管理者，人际关系复杂

现代企业对员工提出了新的要求，要求员工在知识、技能、观念、思维、态度、心理等方面符合职业规范和职业标准，即职业化的要求，这也是员工提升个人素质的发展方向。

想一想

什么是职业化？
道德社会化
性格角色化
言行专业化
能力结果化
结果客户化

（三）角色转换的四种导向转变

1. 成长导向向责任导向的转变

案 例

实习生陈小红毕业后想留在幼儿园工作，但是被幼儿园人事部婉言拒绝。她疑惑不解，老师找到人事经理问知，因为该生的一次无故旷工，幼儿园决定不录用她。

启迪：为顺利完成角色转换，我们应把每一项课程、训练当作真正的职业活动来完成。

责任感是成功者必须具备的一项素质，取得成就的大小与承担责任的多少是成正比的，责任感越强的人，就越能得到他人的尊重与支持，而且任何时候，责任感对企业都不可或缺。将责任感根植于心，让它成为我们脑海中一种强烈的意识，在日常行为和工作中，这种责任意识会让我们更加卓越。

2. 个性导向向团队导向的转变

学校人际关系简单，学生以完成学习任务为主，虽然在集体中生活，但学习活动主要由个人完成。但到了工作岗位，要与不同年龄、不同身份、不同职位的人过群体生活，这时团队意识尤为重要。

想一想

为什么住校上学的同学比走读上学的同学更加容易适应今后的职业生活？

3. 思维导向向行为导向的转变

"学校人"的学习活动以思维为主，主要特点是"想"，是用头脑去想、去记、去理解的活动，一般不会有较严重和危害性的后果。"职业人"的特点是"做"，有行为就有相应的后果，基本上不允许犯错误，因为一旦犯错就将带来不良后果。平时做事要认真仔细，勤练基本功，养成不允许自己出错的习惯，养成一丝不苟、精益求精的作风。初入职场，要尽快了解行业要求的行为规范和工作标准，按岗位操作要领，准确完成每一个动作，尽快养成符合行业标准的行为习惯，以不许出任何差错的态度来完成每一项任务。

案 例

某校2004届航空服务专业毕业生，在一次执行完航班监护任务后，不慎把随身携带的"监护登记本"丢失在工作岗位上，当他发现后立即返回工作岗位上查找，但"监护登记本"已经不知去向。而"监护登记本"是飞机监护交接班的重要依据，上面记录了交接班人员和所监护飞机的重要内容。后在科长进行台账例行检查的过程中被查出，扣除当月50%的绩效。

4. 智力导向向品德导向的转变

无论哪个企业，都是十分重视员工怎样处理"做人"和"做事"的关系的。职业道德是用人单位最看重的品质。学生时代，不应重智轻德，要在学习、生活中认真"做人"，为职业生涯的顺利起步做好准备。初入职场，要珍惜职业生涯中的第一份工作，尽快了解行业职业道德行为标准，并以此来规范自己的行为，尽快适应工作，在"做事"之中按行业要求"做人"。

案 例

小王同学到某公司应聘，他将自己的简历交给应聘单位，经理阅读后婉言谢绝了。当他要走时突然手被椅子上的钉子扎了一下。原来椅子上有颗钉子露出来了，他见桌子上有个镇纸石，征得同意后，用它将钉子钉好，然后转身离去。几分钟后，经理派人将他追回，通知他被录用了。试分析他为什么被录用了？

> **读一读**
>
> 职业生涯早期,锻炼最大的工作是最好的工作。努力喜欢自己干的工作。当一个人还没有能力做好一项工作时,他就没有资格说不喜欢。
>
> 职业生涯中期,收入最多的工作是最好的工作。
>
> 职业生涯后期,人生价值最大的工作是最好的工作。

【名言】
"最优秀的产品就是你自己!"

二、做好适应社会、融入社会的准备——由内而外的转变

(一)形象转变——形式层面

> **想一想**
>
> "我有真才实学,不必在乎形象"
> 真相:在市场上,一切都需要形象!

> **比一比**

某些时候,仪表是一份比有形的文字更有说服力的"自荐书"。

职业形象=简单的修饰+得体的着装+优雅的仪态。作为求职者,要找到合适的工作,关键在于个人和职场之间必须寻求最佳结合点。

(二)行为转变——技能层面

没有规矩不成方圆。进入社会,就需要遵守社会的规范;进入组织,就需要遵守组织

的各项规章制度。只有在心理上真正认同了社会生活和组织生活的规范,并养成遵守各种规范的习惯,才能很好地适应职场环境,融入职场生活。

经过一段时间的职业生活,我们会对职业生活有一定的了解和重新认识。在此基础上,我们要及时进行总结和反思,找出自己的行为与工作要求之间的差距,并采取措施,不断地调整自己的行为,使之符合工作的要求。最好的方法是制订一个明确的弥补差距的计划,不断提醒自己,直到成为自觉行为。

(三)心态转变——核心层面

面对就业竞争中的挑战和压力以及复杂多变的环境时,初次踏入社会的我们难免会出现种种心理矛盾、心理误区或心理障碍。在求职和就业过程中遇到困难,甚至经过几次挫折才最后成功是正常的;遇到许多心理冲突、困惑,产生一些不良情绪也是正常的,但并不是必然的。要分析原因,总结经验教训,进行自我调节,释放心理压力,积极寻求家人、老师、朋友的帮助,消除不良情绪,保持良好的积极心态,重新踏上成功求职之路。

读一读

优秀员工必学的11种动物本领:
* 蜜蜂:勤奋敬业,储存升值的资本;
* 骆驼:忍辱负重,担大任之本;
* 大象:脚踏实地地达到目标;
* 孔雀开屏:善于表现自己;
* 蝴蝶:磨难帮助我们成功;
* 雁子:团队协作,弱小变强大;
* 猎豹:略快一筹的奔跑速度;
* 狗:忠诚赢得信赖;
* 海豚:善解人意,更具人缘;
* 公鸡:严格守时;
* 斑马:吸引眼球的外在形象。

三、掌握求职的基本方法——工具就是敲门砖

求职要讲究方法,掌握了行之有效的方法,就可以达到事半功倍的效果。

（一）收集整理信息

信息是决策的重要依据，全面、准确地职业信息，能够保证我们做出正确的择业决策。

想一想

收集职业信息的渠道有哪些？

案　例

某公司招聘营销人员，在报纸上刊登了一则招聘启事，应聘条件、工资待遇等内容一应俱全，就是没有联系方式。多数人认为，这是招聘单位疏忽或是报社排版疏漏，于是耐心等待。但是，却有三位应聘者另有真知灼见，他们不管是谁的问题造成的疏忽，分别通过网络、查号台等方式找到了公司的联系电话，并加以确认。当多数应聘者还在等待之时，这三位应聘者已通过面试，被录用了。

（二）了解求职途径

一般来讲，我们可以通过以下几种途径进行求职：

一是学校推荐；

二是实习就业；

三是参加招聘会；

四是网络求职；

五是社会关系。

知识链接

网络求职的常用网站

中国就业网　　　http：//www.chinajob.gov.cn/

智联招聘　　　　http：//www.zhaopin.com

中华英才网　　　http：//www.chinahr.com

前程无忧网　　　http：//www.51job.com

除了上述途径，还有哪些途径可以帮助你获得职业岗位？

（三）学习简历写作

简历是一种个人重要信息的汇集。我们在未来求职"推荐自己"时用的简历，主要包括个人基本情况、学业情况、实习经历、专业特长和求职意向五部分内容。

项目	具体内容
个人基本情况	列出自己的姓名、年龄、性别、籍贯、政治面貌、学校和专业等基本信息，此外还有健康状况、爱好与兴趣、联系方式等
学业情况	写明各阶段学习的起止时间，在中职学校所学主要课程及考核成绩，在班级所担任的职务，在校期间所获得的奖励和荣誉，考取的职业资格证书等
实习经历	包括实习单位的名称、实习内容、实习的时间、从事工作的内容和性质等
专业特长	写出专业学习中的亮点（如有哪些专业设计的成果）、专业比赛中的成绩（如获得某个竞赛项目的奖项）、实习中的亮点（如参与了师傅的哪些创造发明），以及与招聘岗位相关的个人特长
求职意向	写明自己求职时希望得到什么样的工种或岗位，此外还可以写明自己的发展目标等

（四）掌握面试技巧

求职面试的时间一般都不长，短的甚至只有三五分钟，但它却是一个非常关键的过程，可能影响一个人几年甚至几十年的命运。求职面试想获得成功，就要在有限的时间内充分展示自己的特点和优势。

面试注意点：

充分准备，注意礼仪，沉着不怯场；

要根据对方需要推销自己；

自信自强、实事求是；

扬长避短。

（五）识别求职陷阱

我们刚刚踏入社会，识别和防范求职陷阱，维护自己的合法权益，是每一位求职者都应关心的问题。

案 例

李震同学刚刚收到一家知名保险公司的复试通知，这让他十分欣喜。但是该公司接下来提出的要求又让他十分犹豫：该公司要求他在面试时交200元培训费，180元考试费，如果他愿意的话，还可以再交50元就可以将考卷买回家提前做好上交。应聘怎么还要交这么多钱？到底该不该去？想到这家公司的待遇挺高的，如果放弃了就太可惜了，李震处在两难选择中。

思考：
如果你是李震，你会怎么办？

一、结合自身情况，写一份求职简历。
包含自己的基本信息、自我评价、工作经历、学习经历、荣誉与成就、求职愿望、对这份工作的简要理解等。

二、模拟面试
各个小组分别进行一次模拟面试，其中2人担任应聘者，3人担任考官，其余担任旁观者。面试结束后请分别从不同的角色出发，看看自己的表现，并给出评价。

主题 11　创业是就业的重要形式

目标导航

1. 认识到创业的意义。
2. 理解创业者应具备的素质和能力。
3. 了解中职生创业的优势，并做好前期的准备。

想一想

分析以下情况，判断谁是在创业？

1. 一位妇女喜欢为家庭聚会制作开胃食品，朋友们经常称赞她，告诉她这些食品有多么的美味。后来她建立了一家公司来制作和销售开胃食品。

2. 一位从事生物化学基础研究的科学家做出了能推动该领域前沿发展的重要发现。但是，他对识别该发现的实际用途没有兴趣，而且从未尝试那样做。

3. 一位退伍军人想出一个创意：从军队里购买淘汰的水路两栖交通工具，并使用它们去建立一家专门从事偏远荒野旅游的公司。

一、创业的重要意义

职校生就业形势日益严峻，但另一方面，很多职校生也有自主创业的想法，其意义在于：

（一）有利于缓解就业压力

创业能力是一个人在创业实践活动中的自我生存、自我发展的能力。一个创业能力很强的职校生不但不会成为社会的就业压力，相反还能通过自主创业活动来增加就业岗位，以缓解社会的就业压力。

（二）有利于自我价值实现

通过自主创业，可以把自己的兴趣与职业紧密结合，做自己最感兴趣、最愿意做和自己认为最值得做的事情，在五彩缤纷的社会舞台中大显身手，最大限度地发挥自己的才能，并获得合理的报酬。

（三）有助于提高实践能力

目前，就业市场的竞争日益激烈，企业招聘，既要看毕业学校，还要看实践经验，而实践能力水平的高低成为用人单位选贤任能的重要标准之一。我们可以通过自主创业这一平台提高自己的实践能力，积累更多的实践经验以及社会经验，提前为以后进入好公司打好基础。

（四）有利于培养创新精神

近年来，商品经济时代的飞速发展，就业危机越来越严重，就业压力越来越大，在如此的压力之下，具有创新思想就具有很重要的意义，只有具有创新意识和创新思想才能在激烈的竞争中脱颖而出。在创业过程中，学会逻辑分析，全方位思考，面对问题不断改进不断创新，提高了思维的活跃性。

二、创业应具备的素质和能力

读一读

《科学投资》评出十大成功企业家素质：

欲望、忍耐、眼界、明势、敏锐、人脉、谋略、胆量、与他人分享的愿望、自我反省的能力

想一想

创业者应该具备哪些核心素质？

案 例

谁能当业主

白雪家住闽江上游的武夷山区。这里农活不忙，许多年轻人都进城打工去了。因为母亲病重，她不能出远门。她很想多挣点钱接济家用，给母亲治病，也给自己买些衣物用品。

她原打算在村里办一个旅店。翻来覆去地想过以后，她觉得自己的想法不现实：

村里的人太保守，他们不会欢迎陌生人到村里住，而且村子离公路干线太远，即便能说服大家，也很难吸引到游客。再说，如果老天总是阴雨连绵的，就是说服了游客在村里住下，他们待着也很无聊。

邻村的小兰也打算在村里办个小旅店。她知道，她得先向村里人宣传自己的想法，得到乡亲的理解和支持才行。她相信自己能做出个好样子，使大家相信小旅店也能赚钱，而且不会打扰村里人的生活。她向区旅游局写了份宣传小册子，又搭车进县城，与一些旅行社和客运公司的人谈了自己的想法。让她兴奋的是，各方人士都赞同她的想法，认为很多旅游者其实喜欢住在村里。许多旅行社已经在探讨为游客提供在武夷山的山村里歇脚的途径。小兰很受鼓舞，立即准备她的企业计划。

思考：

1. 白雪和小兰各自的长处和弱点是什么？
2. 谁将成为一个好的企业创办者？为什么？

三、职校生创业的优势

据相关调查显示，学历并没有成为中国百姓创业的门槛，不同学历的人都有着创业的愿望。值得注意的是，学历越高创业意愿却反而越低，本科及以上学历的受访者有创业意愿的只占18.3%，中学及中专学历的受访者是创业愿望最强的群体，有创业意愿的达到41%。因此，职校生的创业教育不应该成为被遗忘的角落，职业学校必须有所作为。

（一）性格优势——坚韧顽强，经得起挫折

挫折教育是生命教育的一部分，能帮助学生增强心理承受能力。我们职校生受挫折的次数应该是算多的，部分同学因为没有良好的学习、行为习惯，从小学到初中经常会受到老师家长的批评。但是职校生经受得起这些挫折，对这些失败并不害怕，都能顽强、勇敢地来到职校学习。其实这一点就是职校生的性格优势。没有经受过失败的人更害怕失败，更禁不起失败。

案例

曾在中央电视台与韩寒"针锋相对""对话"的全才少女黄思路,是北京大学二年级学生。她曾被评为"全国十佳少先队员",不仅录制过英语教学磁带,钢琴考试通过十级,主演过一部电视剧,出版了两本书,获得"宋庆龄奖学金",还荣登我国唯一镌刻少年儿童亲笔签名的花岗岩石碑"中国少年榜"。谈及女儿黄思路的成长时,王晶夫妇说:我们最大的付出就是给孩子足够的挫折。家长在其成长过程中强调:因自己疏忽导致的失误,要自己独自面对解决。鼓励学生面对困难不怕挫折,勇敢尝试,坚韧顽强。

(二)人缘优势——交往能力强,团队精神强

职校与普高相比较少有升学的压力,却有更广阔的活动空间,职校生较少有书呆子,更多的是活泼好动的机灵鬼,职校生比普通中学学生有更广泛的兴趣爱好,更好的人缘。

一滴水只有融入大海才能生存,才能掀起滔天巨浪;同样,一个人也只有融入团队才能生存成长。

(三)技能优势——脚踏实地,打好扎实的技能基础

以机械专业学生徐海为例,2008年入学,在职校3年他学得比谁都起劲,特别是技能操作课就像磁铁一样吸引着他,无论理论考试还是技能操作科科优秀,钳工、车工操作都达到了中级水平,为此毕业时他被留在学校担任了实习指导老师。此后,徐海利用学校平台,花费了所有的精力在工作上,钻研工艺,钻研教学。2001年10月获市车工技能比赛第一名,被授予"车工操作技术能手"荣誉称号;同年12月,省级车工技能比赛获第二名,被破格晋升为车工高级技师;2005年荣获市"首席工人"荣誉称号。

(四)思维优势——选定方向,善于扬长避短

职高生记忆、逻辑能力不强,但往往他的形象思维或者创新能力很强。

案 例

温云飞的项目主要是围绕着魔术运营进行的，而之所以选择这个项目与他丰富的魔术表演经验分不开。温云飞从2009年学习魔术，之后他跟随着老师参加了许多场商业演出，表演经验非常丰富。因为痴迷和热爱，温云飞对于魔术的钻研也日益加深，但是要成为像刘谦一样的魔术大家，温云飞清楚地认识到，必须要有自己的优势。于是他想到了开办一家魔术工作室，这样自己也就从打工者变成了创业者，而离个人的目标也就更接近了。很快，温云飞将想法变成了现实，他的"魔幻奇迹主题馆"诞生了。

温云飞的创业思路非常清晰，即围绕自己的魔术表演进行一系列的商业运作。魔术表演是温云飞这个主题馆的基础，在此之上是对魔术道具的制作和销售，紧接着是开设魔术培训班，温云飞想要达到的目标则是对新魔术和魔术道具的研发，从而形成一个产业链达到开办"魔幻奇迹主题馆"的最终目的。

现阶段，温云飞已经在进行商业演出的部分，并根据自己的表演穿插进行魔术道具的销售，其创业成果已经初步显现。温云飞不走寻常路选择不同以往的创业思路，赢得了众人关注的目光，也成功开启了他魔力人生的大门。

（五）职业优势——爱一行，干一行，专一行

案 例

一个上了年纪就要退休的木匠，告诉老板：他想离开建筑业，然后跟妻子及家人享受一下轻松自在的生活。老板感到有点惋惜，就恳请他再盖一栋具有个人风格的房子。老木匠想想反正要退休了，就草草地用劣质材料盖完一生中最后一栋房子，其实用这种方式结束他的职业生涯实在有点不妥。房子落成时，老板来了，顺便检查一下房子，然后把房子钥匙交给了木匠，并告诉木匠他将把这栋房子作为最后的礼物送给为他的公司勤勤恳恳干了一辈子的木匠。木匠很吃惊，也才觉得自己很丢脸，因为随意的放弃给自己造成了一个无法弥补的遗憾。

职校生虽不能选择最好的职业，但往往可以选择自己喜欢的职业，选择有一定专业基础的职业。所以职校生比较容易找到适合自己的职业，并且容易在自己选择的"普通"的位置上成为一名出类拔萃的人。

> **案 例**
>
> 2003年10月15日上午9点10分当"神舟五号"顺利升空并进入预定轨道，举国上下尽情欢呼，沉浸在无尽喜悦中时，很少人会想到这里有我们浙江一位职高生的功劳，是他成功地开发了35千伏氧化锌避雷器，并装入神舟五号，彻底解决了飞船遨游太空时的避雷问题。他就是1996年毕业于浙江象山职高机电专业的孙科旭。1996年孙科旭凭着自己对机电专业的兴趣和就读职高时掌握的一定基础进入一家铸造厂当了一名普通工人，他进厂后肯钻研、敢创新，1997年就对传统加工工艺大胆提出技改方案，通过改革不仅提高了产品质量，也大大提高了工效，因此获得总公司十大科技项目奖励。1998年他担任了技术科科长，2001年26岁的他被集团公司调任象山天福电器公司任经理，2002年引进开发了35千伏氧化锌避雷器产品，当年为公司增创200多万。由于该产品在行业内的知名度，被酒泉卫星发射基地相中，孙科旭认为这是可遇不可求的机会，他下决心即使赔钱也要把这个难关攻下来，于是成立技术攻关小组，亲自挂帅并通宵达旦地研究，反复进行实验，做到万无一失，最后按时为酒泉卫星发射基地提供了配套的输变电设备和35千伏氧化锌避雷器，经卫星基地反复检验，产品完全符合要求。

四、在校期间的创业准备

创业是靠自己的能力来撑起自己的一片天空，机遇总是垂青有准备的头脑。因此，创业前的准备工作是必不可少的。

（一）构思项目

要找到一个适合自己，又能成功的项目，不是那么简单的。有志于事业发展的人，会从种种现象中敏感地发现并捕捉机遇，从而领先别人一步。项目好比指南针，一个有创意、有潜力的项目，往往意味着成功的开始。

如何寻找好项目
从自己的专长出发，经营熟悉的项目；
从市场需要出发，经营有商机的项目；
从自身能力出发，经营力所能及的项目。

案 例

学服装制作的张萍中职毕业后，决定自己开服装店，独立创业。开张后生意却不好，有时连房租、水电的钱都挣不出来。不服输的张萍，对市场进行调研，发现养宠物的越来越多，可卖"宠物时装"的少。张萍托人从国外买了《宠物时装》杂志，又上网查资料，她先试着给自家养的小狗做衣服，每次出去遛狗，小狗的衣服总是被人称赞。

她下了开"宠物时装"专卖店的决心，一开张销量就很好。张萍又瞄上了自产、自销的路子，自任设计师的宠物服装厂在鞭炮声和鲜花丛中开业后，订单如雪片般飞来。

（二）了解国家政策和法律知识

刚创业的人，往往缺乏资金和技术。所以，了解国家政策是有必要的，在现在市场经济下，国家给予的优惠政策越来越多，充分利用好相关政策，可以显著提高自身创业的软实力。

我们还应该了解与自己创业项目相关的法律知识，既可以保护自己的合法权益，还可以防止自己无意间越过了法律的范畴，对自己有百利而无一害。

想一想

当你创业缺乏资金时，怎么去解决这个难题？

（三）了解自己

要了解自己是不是适合去创业，不能头脑发热，要明白自己的缺陷在哪里，能不能够坚持下去，有没有创业的勇气，不能看到别人创业成功而冲动。

当然，创业前的准备远远不止这些，我们必须要深思熟虑，考虑全面，才能去创业。

试一试

创业前必须回答的三个问题

1. 你想做什么，为什么？
（1）什么行业，什么产品（服务）？
（2）什么目标（现在的、未来的）？
（3）谁是你的顾客，他们需要什么（价值）？

（4）你的特色是什么，你的优势在哪里？
（5）你的竞争对手是谁？
（6）你想成为什么？

2.你能做什么，为什么？

（1）你有什么能力（专业的、经营的、领导的、人际的），能做什么，不能做什么？

（2）你对你将从事的行业、产品（服务）知道多少？
（3）你有能力负担起这个企业吗？
（4）你能承受未来的风险吗？

3.你要怎么做，为什么？

（1）你的企业规模多大，它设在哪里？
（2）你的市场定位是什么？准确吗？
（3）你有什么创新，它表现在哪里？
（4）你有实现目标的计划吗？靠什么来实施计划？
（5）哪些人可能是你的员工，他们为什么而来？
（6）你认为创业者应该是什么样子的，谁是你心目中的榜样？
（7）你想到过失败吗？你准备如何应对可能出现的失败？

当前是创业最好的时机。社会经济正在从温饱型转向小康型，人们的生活方式、需求结构、消费观念正在发生较大的变化，许多潜在市场将转变为现实市场，因此创业的机遇很多。中国已经崛起，有更多的新技术、新材料、新产品、新管理模式、新观念呈现在国人面前，给创业者提供了更多的思路和启发。国家在政策上对创业持鼓励和支持的态度。同时，社会对创业已形成了正面、积极的认知和舆论，创业所需要的社会条件比以前更完备了。

那么，你准备好了吗？

一、进行一次创业项目的市场调查，并写出调查报告。

1.确定市场调查的目标，如消费者流量、潜在消费群体规模、同类产品竞争情况以及价格情况等。

2.调查方法：一是询问调查法。调查者直接接触被调查对象，通过询问的方式收集有关信息。二是观察调查法。调查者亲临所要调查的现场进行实地调查，或在被调查者毫无察觉的情况下，对他们的有关行为、反应进行调查统计。

二、根据市场调查的情况，结合自身实际，编写一份创业计划书，具体包括以下内容：

1.计划摘要；

2.产品（服务）介绍；

3.人员及组织结构；

4.市场预测；

5.营销策略；

6.制定计划；

7.财务规划；

8.投资回收方式；

9.机遇与风险。

第五单元　职业生涯规划管理与调整

寄 语

科技的快速发展让年轻的我们处于一个多变的社会，为此，我们要牢记：没有一劳永逸，只有孜孜不倦。我们要做自己的主人，通过对自己职业生涯的管理、调整，驾驭自己的职业生涯，驾驭自己的人生，在成就自己的职业梦想的同时为中国梦的实现贡献力量！

案 例

小冯的职业生涯评估经历

小冯毕业于某财经学院工商财务管理专业。早在大学期间，他就自学了很多有关职业生涯规划的理论知识，并给自己制定了详细的职业生涯规划，也一直在努力地朝着自己的职业目标——财务总监前进。大学毕业后，小冯的第一份工作是在一家中外合资企业从事财务工作，可是面对财务工作的枯燥乏味，小冯越来越觉得这份工作并不是自己真正想从事的职业。经过一段时间的迷惘后，小冯走进了一家专业的职业咨询机构，希望能够从职业规划师那里得到帮助。职业规划师仔细分析后发现，小冯性格开朗外向，喜欢与人交流沟通，于是建议小冯把职业方向放在既需要财务专业知识，又需要经常外出与客户沟通的会计事务所审计师的工作。小冯采纳了职业规划师的意见，重新调整了自己的职业生涯规划，经过一段时间的充电后，顺利成为一家大型会计事务所的审计师。目前，小冯精神焕发，对工作充满信心。

思考：

1. 小冯对自己职业生涯规划做出了哪些调整？

2. 小冯调整了自己的职业生涯规划后，重新找回了工作的乐趣。结合案例，说明职业生涯评估都有哪些作用？

本单元要解决的问题：

1. 如何科学管理规划？

2. 怎样适时调整规划？

3. 如何科学评价职业生涯规划？

主题 12　管理规划，夯实终身发展基础

目标导航

1. 能有效执行制订的计划，科学管理职业生涯规划。
2. 树立终身学习的观念。

> 做一做
>
> 检查下自己之前制订的计划执行的情况。

一、认真执行职业生涯规划的各项措施

（一）付诸实践

　　成功始于想法。但是，只有想法，却没有付出行动，是不可能成功的。决定一个人的成败，关键在于他的思想与行为是否一致。思想决定行为，行为决定结果！理想与行动是一对孪生兄弟，既有理想，又有行动，成功才会有保证；而光有远大的理想，没有实际的行动，那就是好高骛远的表现。道虽近，不行不至；事虽小，不为不成。如果你每天想做点什么，但总是不付诸行动，那只能是你的空想，永远不可能成功的。

　　古人云："纸上得来终觉浅，绝知此事要躬行。"在确定了职业生涯的终极目标并选定职业发展的路线后，行动便成了关键的环节，行动是成功的基础。

　　要使职业生涯规划得以实现，必须要对其进行管理。职业生涯规划管理是对规划的实行、组织、指挥、协调和控制，高效率地完成制定目标。

> 做一做

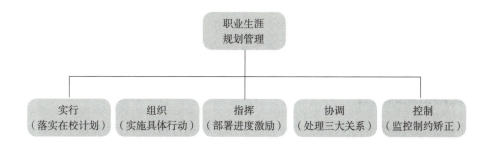

管理职业生涯规划的目的在于落实职业生涯规划的措施。不落实措施的规划就是空话，只有付诸实践才有利于职业生涯的发展。

案 例

躺着思想，不如站起来行动

在远古的时候，有两个朋友，相伴一起去遥远的地方寻找人生的幸福和快乐，一路上风餐露宿，在即将到达目标的时候，遇到了一条风急浪高的大河，而河的彼岸就是幸福和快乐的天堂。关于如何渡过这条河，两个人产生了不同的意见：一个建议采伐附近的树木造成一条木船渡过河去；另一个则认为无论哪种办法都不可能渡得了这条河，与其自寻烦恼和死路，不如等这条河流干了，再轻轻松松地走过去。

于是，建议造船的人每天砍伐树木，辛苦而积极地制造船只，并顺带着学会了游泳；而另一个则每天躺下休息睡觉，然后到河边观察河水流干了没有。直到有一天，已经造好船的朋友准备扬帆出海的时候，另一个朋友还在讥笑他的愚蠢。

不过，造船的朋友并不生气，临走前只对他的朋友说了一句话："去做一件事不一定见得成功，但不去做一件事则一定没有机会得到成功！"

写一写

职业生涯规划管理情况				
实行	组织	指挥	协调	控制

二、定期检查职业规划执行实效

（一）定期检查的内容

首先要对年度目标的执行情况进行总结，确定哪些目标已按计划完成，哪些目标未完成；然后对未完成的目标进行分析，找出未完成原因及发展障碍，制定相应解决障碍的对策及方法；最后依据评估结果对下年的计划进行修订与完善。如果有必要，也可考虑对职业目标和路线进行修正，但一定要谨慎考虑。

定期检查的内容	检查情况	
	是	否
是否按时间进度进行		
是否达到预期效果		
规划环节是否存在问题		
是否需要调整与完善		

（二）定期检查的方法

一要自我检查。经常自我检查是必要的，每天、每周、每月都要对职业生涯规划的执行情况进行检查，看计划落实、目标达成的进度如何，从而进行回顾总结。

案 例

李雯的进步

李雯是某中职学校商务日语专业的毕业生，现在在一家日资公司做翻译，同时考取了某著名大学的成人本科，利用业余时间学习本科课程。下表是她从中职学校毕业时设计的职业生涯规划与措施检查表，她一直定期进行检查与修正。

职业生涯计划与措施检查表

	具体计划	具体措施	起止时间	考核指标	目标完成情况
完成短期目标的计划与实施	进入日资企业工作	利用自己的学习经历，不计薪水高低，抓住工作机会	2006.7—2007.12	顺利找到工作	√
	学习日语二级	工作中提升日语水平；业余时间进修	2006.7—2007.12	考取日语二级证书	√
	学习办公自动化	利用业余时间进修	2006.7—2007.12	考取办公自动化证书	√

续表

	具体计划	具体措施	起止时间	考核指标	目标完成情况
完成中期目标的计划与措施	做日语翻译或者办公室文员	日语读写达到一定水平，熟练掌握办公自动化操作	2008.1—2010.12	顺利找到工作	做日语翻译
	报考成人本科并入学	参加成人高考	2008.7—2010.12	本科入学	√
	学习日语一级	利用业余时间进修	2008.1—2010.12	考取日语一级证书	进行中
完成长期目标的计划与措施	职位获得提升	努力工作，团结同事，得到领导的肯定	2011.1—2012.12	成为部门经理	
	学习"企业管理"课程	利用业余时间进修	2011.1—2012.12	通过考试	
	学习"领导的艺术"课程	利用业余时间进修	2012.1—2013.12	通过考试	
	学习"管理与沟通"课程	利用业余时间进修	2013.1—2014.12	通过考试	

思考：

李雯设计的职业生涯规划与措施检查表有何优点？还有哪些地方需要改进？李雯对职业生涯规划和措施的定期检查与她的职业生涯发展有何关系？

二要他人监督。人都有惰性，计划有时也会被其他事情耽搁，这时我们可以请身边的同学、老师、父母来督促自己，有效执行计划。

案 例

某职业学校小王同学选择上旅游专业后，制定了从"地方导游"做起，两年后做"省内导游"，七年后成为"国家导游"的职业生涯规划。在老师的建议下，他把取得"地方导游"资格证书的时间定在一年级暑假。于是，他制订了第一年的计划：改掉上课"开小差"的毛病，自学与本地人文景点关系密切的清朝历史，学好普通话等。

小王每次对照检查自学的进度，都感到任务重、时间紧，为此他把任务分解到每一天的每个时段。在改掉上课"开小差"的毛病的过程中，多亏同桌小李的提醒和帮助，两个月后，他听课专心多了，学习效果明显提高。但学普通话就麻烦了，特别是回家说普通话，父母说他"打官腔"，邻居也用异样的眼光看他。后来，小王索性把自己的计划告诉家人、亲友和街坊，还请大家都来帮助他实现这个目标。一年后，他如期拿到了导游证。

思考：

小王的经历给了你什么启示？

学会管理、控制自己，不但是个非常重要的本领，而且是取得职业生涯成功的保证。善于请人帮助、督促自己，能更快地让你学会控制自己，有助于你更快地取得进步。

做一做

向同学、老师、父母公示自己的具体措施、时间进度，约定好督促的内容和时间，以表格形式呈现。

三、珍惜在校生活，奠定终身学习基础

（一）珍惜在校生活

我们告别了初中进入职业学校学习、生活，在职业学校里，我们既要学习理论知识也要锻炼专业技能，这为我们以后就业奠定了良好的基础。所以我们在学校应该努力做到以下几点：

一要努力学好理论知识和专业技能。认真学习基础理论知识，学会思考和解决问题的方式，同时把学到的理论知识运用到实际操作过程中，形成一定的专业技能。努力取得职业资格证书或者技术等级证书，这是从业者直接从事某种职业的凭证。

二要积极参加职业技能大赛。有一定的理论知识和专业技能后要不断学习，精益求精，积极参加学校的技能集训，为参加技能大赛做好充足的准备。

三要不断提高自己的综合素质。在校期间多参加学校组织的各种活动，如职业生涯规划大赛、文明风采大赛、演讲比赛、运动会等，来锻炼提高自己各方面的能力。

四要积极参加社会实践和与专业相关的职业活动。社会实践有社会调查、公益劳动、

志愿者活动、勤工俭学等多种形式。假期期间可以提前接触社会，走进职业，了解职业，为职业生涯发展奠定基础。

知识链接

第十一届全国中等职业学校"文明风采"竞赛
摄影类：包括以"志愿服务剪影""奋斗的青春最美丽""最美中国"为主题的摄影赛项。
微电影类：包括以"志愿服务剪影""奋斗的青春最美丽""最美中国"为主题的微电影赛项。
动漫类：包括以"生态文明""生命·安全"为主题的动漫设计赛项。
展演类：包括以"中国梦·我的梦""诚行天下"演讲赛项"中华才艺"为主题的表演赛项。

2015年江苏省高等职业院校技能大赛竞赛项目表

类别	竞赛项目
财经大类	会计技能
	银行综合业务
	市场营销技能
	现代物流作业方案设计与实施
材料与能源大类	风光互补发电系统安装调试
制造大类	自动化生产线安装与调试
电子信息大类	电子产品设计及制作
	计算机网络应用
	信息安全管理与评估
	动漫设计及制作
	物联网技术应用
	移动互联技术应用
文化教育大类	英语口语
交通运输大类	汽车检测与维修
	汽车营销
农林牧渔大类	园林景观设计
	植物组织培养
土建大类	工程造价技能
生化与药品大类	化工生产技术
	工业分析与检验

（二）学会管理时间

人生最宝贵的财产是你一生中所拥有的时间。常常有人抱怨时间不够用，却少有人想到充分利用时间。

时间管理是什么？是利用技巧、技术和工具帮助我们完成工作、实现目标。时间管理方法并不是要把所有事情做完，而是更有效地运用时间。

时间管理对我们中职生的学习和生活效率是非常重要的。时间管理最重要的是要珍惜当下，珍惜今天所拥有的一切，做到今天的学习任务绝不拖到明天来完成，将身边的每一分每一秒都利用起来，提高学习效率。比如：在等车的时间可以背单词，上课前可以预习要上的单元，下课时则是可以复习今天上课老师所讲的内容。一天中有这么多零零碎碎的时间可以利用，我们不能够浪费掉这些时间，应该多加运用。

想一想

① 一周之内必须要做哪些事？
② 先做哪件事？
③ 后做哪件事？
④ 重点做哪件事？
⑤ 完成的时间如何安排？

知识链接

十个实用的时间管理方法

1. 定制生活目标，按照重要程度排序；
2. 集中精力完成最重要的任务；
3. 每时每刻铭记你最重要的目标；
4. 用金钱衡量时间；
5. 不要太执着于完美；
6. 为每个任务设置一个时限；
7. 试着为每天的工作制定时间表；
8. 将大的目标转换成几个任务分别完成；
9. 可以将某项任务交给别人；
10. 给每个步骤制定时限。

时间管理四象限

想一想

现在你不妨回顾一下上周的生活与工作，你在哪个象限花的时间最多？请注意，在划分第一和第三象限时要特别小心，急迫的事很容易被误认为重要的事。其实二者的区别就在于这件事是否有助于完成某种重要的目标，如果答案是否定的，便应归入第三象限。

案 例

爱迪生的故事

爱迪生一生只上过三个月的小学，他的学问是靠母亲的教导和自修得来的。他的成功，应该归功于母亲自小对他的谅解与耐心的教导，才使原来被人认为是低能儿的爱迪生，长大后成为举世闻名的"发明大王"。爱迪生从小就对很多事物感到好奇，而且喜欢亲自去试验一下，直到明白了其中的道理为止。长大以后，他就根据自己这方面的兴趣，一心一意做研究和发明的工作。他在新泽西州建立了一个实验室，一生共发明了电灯、电报机、留声机、电影机、磁力析矿机、压碎机等等总计两千余种东西。爱迪生的强烈研究精神，使他对改进人类的生活方式，做出了重大的贡献。"浪费，最大的浪费莫过于浪费时间了。"爱迪生常对助手说。"人生太短暂了，要多想办法，用极少的时间办更多的事情。"一天，爱迪生在实验室里工作，他递给助手一个没上灯口的空玻璃灯泡，说："你量量灯泡的容量。"他又低头工作了。过了好半天，他问："容量多少？"他没听见回答，转头看见助手拿着软尺在测量灯泡的周长、斜度，

并拿了测得的数字伏在桌上计算。他说:"时间,时间,怎么费那么多的时间呢?"爱迪生走过来,拿起那个空灯泡,向里面斟满了水,交给助手,说:"里面的水倒在量杯里,马上告诉我它的容量。"助手立刻读出了数字。爱迪生说:"这是多么容易的测量方法啊,它又准确,又节省时间,你怎么想不到呢?还去算,那岂不是白白地浪费时间吗?"助手的脸红了。爱迪生喃喃地说:"人生太短暂了,太短暂了,要节省时间,多做事情啊!"

规划好了时间就是规划好了人生。我们要树立科学管理时间的方法,合理规划,充分协调,将时间管理的技巧应用在学习的全过程中。

(三)树立终身学习观念

古人云:"吾生而有涯,而知也无涯。"当今时代,世界在飞速变化,新情况、新问题层出不穷,知识更新的速度大大加快,人们要适应不断发展变化的客观世界,就必须把学习从单纯的求知变为生活的方式,努力做到活到老、学到老,终身学习。

终身学习是指人一生都要学习,从幼年、少年、青年、中年直至老年,学习将伴随人的整个生活历程并影响人一生的发展,这是不断发展变化的客观世界对人们提出的要求。从人类诞生之日起,学习就成为整个人类及其每一个个体的一项基本活动,不学习,一个人就无法认识和改造自然,无法认识和适应社会,不学习,人类就不可能有今天达到的一切进步。

知识链接

终身学习的形式	终身学习的内容
正规学习	学会求知:指抛弃传统的"上学—工作—退休"线性学习的模式,确立"学习—工作—学习"、工学交替、循环往复的多维终身学习模式
非正规学习	学会做事:具有三种涵义。 (1)从学会掌握某种职业的实际技能,转向注重培养适应世界变化的综合能力,其中包括狭窄的劳动技能以外的合作精神、创新精神、风险精神、交流能力等。 (2)"学"不是指获取智力技能,而是培养社会行为技能(包括处理人际关系、解决人际矛盾、管理群体等能力) (3)学会做事就是要学会以首创精神培养适应未来职业(工作)变动的应变能力,以及在具体的市场环境中创造就业机会的能力
	学会共处:包括了解自身、发现他人、尊重他人;学会关心、学会分享、学会合作;学会平等对话、互相交流;学会用和平的、对话的、协商的、非暴力的方法处理矛盾,解决冲突,最终实现互利共赢的人生境界
非正式学习	学会做人:包括适合个人和社会需要的情感、精神、交际、亲和、合作、审美、体能、想象、创造、独立判断、批评精神等方面相对全面而充分的发展,成为全面发展的人

在校学习为终身学习和职业生涯发展奠定了基础，终身学习是在校学习的扩展和最高境界；终身学习促进了职业生涯的全面发展，职业生涯发展的成功则是终身学习的目的。职业生涯是一个连续不断的发展过程，只有不断学习，才能从容应对职业生涯中遇到的各种挑战，只有做好充分的准备，才能把握职业生涯发展的各种机遇。

案 例

约翰娜·玛克司夫人的故事

在离德国科隆不远的西比希城，约翰娜·玛克司夫人可是个响当当的人物。早在1994年，当时70高龄的她，经过长达6年的刻苦攻读完成了学业，以优异的成绩获得了科隆大学的教育学硕士文凭。之后，玛克司夫人又在年近八旬的79岁时，完成了长达200页的博士论文，论文的题目是："如何度过晚年——学习使老人永远充满活力"，最后被科隆大学授予教育学博士学位。小城的市民们，无不对这位孜孜不倦的老人赞叹不已，由此她还当选为该城"最伟大女性"。

玛克司夫人退休之前长期在一家公司任职，是个活跃、开朗的女士。退休之后，不甘寂寞的她先是上了一个法语班。后来在报上看到科隆大学招收老年大学生的广告，便勇敢地报名成为正式大学生，当时她已满65岁。她披露，第一学期的学习让她最难以适应。因为小时候上中学时，课程和课表都是由学校或教师制定的，而这回，一切都得自己安排。在度过最初的难关之后，她越学干劲越大，而且凭借着年轻时积累的丰富知识和打下的良好的学习基础，成绩居然在班上经常遥遥领先。平时她和年轻人一样身穿运动装或牛仔服，还常常和同学们一起参加游戏或体育运动。她坚持每周参加一次。她在入学的第三年就学会了电脑操作，还积满了所需要的足够学分。不过她仍然时不时忙里偷闲回家操持家务，并尽量抽空陪伴夫君进餐。同学们惊奇地发现，在她念书期间，竟然做到了学习、家庭两不误！

【名言】

学问的根基好比弓弩，才能好比箭头，只要依靠厚实的见识来引导，就可以让才能很好发挥作用。青年人正处于学习的黄金时期，应该把学习作为首要任务，作为一种责任、一种精神追求、一种生活方式，树立梦想从学习开始、事业靠本领成就的观念，让勤奋学习成为青春远航的动力，让增长本领成为青春搏击的能量。

——习近平

一、练习

1.我们应该如何去管理自己的职业生涯规划?

2.针对我们目前的学校生活,你觉得应该如何去珍惜?

3.如何培养终身学习的习惯?

二、拓展

1.设计一个职业生涯计划与措施检查表,并根据自己的实施情况和现实的变化情况进行检查与修正。

2.和身边学习成绩优秀的同学交流沟通,借鉴下他们的学习经验。

主题13 调整规划,适应发展条件变化

目标导航

1. 理解调整职业生涯规划的必要性。
2. 能根据情况变化,适时调整自己的职业生涯规划。
3. 掌握调整职业生涯规划的方式方法。

> **说一说**
>
> 谈谈自身在初中到现在意愿、能力、期望方面的变化。

一、调整职业生涯规划的必要性

常言道,计划赶不上变化。事物都是处于运动变化中的。自身及外部环境条件的变化等种种不确定因素,可能会使原本制定好的规划设计与实际情况发生偏差,职业生涯设计也要随之变化。航天飞机在航行的过程中,97%的时间都是偏离航道的,不断地从回馈中修正航道,是不可避免的工作。职业生涯规划也是如此,即使能从事自己喜欢的工作,仍然会不时地被杂事缠身,迷失方向。因此,需要对原来的设计做出及时且准确的调整。调整就是对规划的完善,是为了使人生规划更好地切合人生目的。

知识链接

自身条件的变化:
①兴趣;
②性格;
③价值观;
④能力;
⑤优势劣势。
外部环境条件的变化:

①就业市场需求的变化；

②行业发展趋势的变化；

③从业者所处环境的变化；

④因用人单位需要的变化；

⑤新的发展机遇出现。

人生不能重来，先前计划的不完整、对自我和环境认识得不全面、未能坚持计划、策略方案的失误、没能调动起全部力量，所有这些失误都可能导致预期目标无法实现。这就要求我们自觉地总结经验和教训，不断修正策略，甚至必要时修正目标。

知识链接

职业的兴衰

随着社会的进步，许多与经济发展不相适应的职业已经销声匿迹了。在几年前的中国，还有许多人从事传统的手工业工作，例如那些制造简单的生活必需品如帽子、鞋的制造业工人、磨刀人、修补破碗和其他容器的手艺人，现在这些人在城市中已经很难再见得到了。在彻底消失的职业中，最具代表性的就是管理各种票证的工作了。从20世纪50年代初到1991年，有人专门负责分发油票、粮票等票证。随着中国经济的发展和生活用品的丰富，这些票证逐渐退出了人们的生活。

新兴的工作职位五花八门，基本上是市场中有什么样的需求，就会出现什么样的职业。例如专业色彩协调员是专门帮助顾客处理从室内装潢到个人着装的色彩搭配的人员；专业陪聊人员的工作就是坐下来耐心地听客户发泄心中的不快；陪购的工作是陪客户购物并帮助客户携带大大小小的购物袋。

> 在这些新兴的行业势不可挡地卷入潜力无穷的市场中时,一些传统行业却正在逐渐退出日新月异的中国市场。对于这种变化,依然对这些传统行业寄予希望的人们难免会产生彷徨与挣扎。刘玉兰今年45岁,下岗前是一家服装厂的工人,下岗后,她又做起了老本行——裁缝。现在刘玉兰在自己家里开了一个缝纫店,但是生意萧索。谈到缝纫这个行业的时候,她显得有些悲哀,她说:"过去,缝纫这个行业十分普遍,人们经常到缝纫店订做整套衣服。但是现在,人们很少再订做衣服了,因为在商场中,服装的样式非常齐全,人们有更多的选择。"

二、调整职业生涯规划的时机

(一)毕业前求职期

这一时期我们有了实习经历,在求职过程中可以根据实习的检验以及新的职业信息和供需实际来调整职业生涯规划。求职定位是职业生涯规划的关键环节,要根据就业形势适时对定位进行调整,有时需要适度降低就业期望值。

案 例

小王是某职业学校商务英语专业的毕业生,自身条件较好,学习成绩优秀,英语成绩特别突出,还是班干部。毕业时,她为自己制定了"六不应聘"原则:公司规模小的、收入待遇低的、劳动强度大的、工作环境差的、交通不方便和专业不对口的统统不去应聘。就这样,机会一次次来了,又一次次走了,到现在她还是没找到自己满意的工作。

思考:
条件好的小王为何找不到满意的工作?

(二)职场初始期

职场初始期是指工作后三至五年,这一时期我们已经有了从业的经验,可以根据从业的实践以及周围环境和自身素质的变化来调整职业生涯规划。

知识链接

工作时间	发展目标	主要疑问	专家意见
第一年	初入职场，适应社会	我是谁？我想干什么？	初入职场的首要任务是完成从学生向职业人角色的转换。需要克服个人期望与实际情况的落差所带来的不安全感，以适应企业的环境，掌握工作的规则和程序；在听从领导、同事指导与管理的同时，获得认可
第三年	明确定位或转换职业	我能干什么？能干好什么？	此时的你应该成为独立的职业人，在企业内部找到成为某一方面专才的定位。如果你在选择第一份工作时，带着偶然性和盲目性，而工作三年的你，就应该能根据自我认识、发展潜能重新评估自己的职业方向与目标。在这一阶段，如果你发现当前的职业不适合自己或者没兴趣，应尽快改变方向，重新设定目标
第五年	职务晋升或调整方向	我将成为什么人？	现在的你有可能进入管理岗位，正迈出向管理人员方向发展的第一步，这时，你应该向着成功经理人的方向努力。但是也许你会发现自己不适合担任管理角色，那么，你应该考虑向一名技术人员发展

写一写

你期望的第一份工作是：_____

工作三年后，你预期的发展目标是：_____

工作五年后，你设想的发展方向是：_____

案 例

帕米拉·库珀是德雷克·比姆·莫林公司的新职介绍顾问，她是帮助经理人做出重大职业转变的权威人士。她所凭借的不仅是自己的资历，还有她的亲身体验。她在获取心理学学位后不久，就成了康涅狄克大学最年轻的教授。在宾州念大学时，她没有对职业生涯多加思索，但她喜欢教学，觉得教授职位自然适合自己。实则不然。该职位包含一大块研究工作，而她在这方面并不擅长。"我就像方头钉碰到圆口孔。"她说。她教了3年书，最后承认自己不适合那份工作。迹象再明显不过。有一天上班途中，她不得不停下车来呕吐。

她对工作中自己喜欢及厌恶的因素进行了一番思考——她尤其喜欢跟人打交道——随后，她决定在公司人力资源部门寻觅职位。经过一年学习，加上花费一些时间提供免费咨询，她得到了一个初级人力资源职位。6个月后，部门经理离职，她接替经理职位，并一路升迁。

后来，她离开那家公司成为全职母亲。该公司正在裁员，请她来指导决定。"我解聘的最后一个人就是我自己。"此时，一家新职介绍的公司跟她取得联系，提议由她来分包工作。但是，当她和丈夫收养了两个俄罗斯小孩后，她又一次必须在事业和家庭之间做出选择。

一年过后，她回到那家新职介绍公司，每周工作4天，经常在家办公。她说，自己对新生活非常满意。

思考：
1. 面对职业方向选择的错误，帕米拉·库珀是如何处理的？
2. 帕米·拉库珀职业成功的方向是什么？

三、调整职业生涯规划的方法

职业生涯规划是一个动态的过程，必须根据实施结果的情况进行及时的评估与修正，以更好地符合自身发展和社会发展的需要。职业生涯规划的评估与调整过程是个人对自己的不断认识过程，也是对社会的不断认识过程，是使职业生涯规划更加有效的有力手段。

（一）重新认识自我

通过"我能干什么""能干好什么"的自我审视，掌握个人条件的变化及其在职业实践中检验的结果。

在入学初设计职业生涯规划时，我们是强调先分析发展条件，后确定发展目标。但对于已有求职实践和从业实践的毕业生来说，应该先确定发展目标，再重新评估当前的自身条件，这样才能检验初定的目标是否符合实际。

案　例

我该怎么办？

小孙毕业于某中等职业技术学校平面设计专业，他的职业目标是做室内设计师。毕业后，他开始四处寻找工作，也曾在网上投递了多份简历，大都是应聘设计师之类的岗位，但由于缺乏工作经验，他很难获得面试的机会。虽有一家销售公司给了他面试机会，但因专业不对口，且无销售工作经验，又以失败而告终。后来，一个亲戚介绍他到一家公司工作，主要从事简单的计算机操作。但干了几个月，他又觉得不满意，因为这份工作，不仅对自己的职业发展没有帮助，而且自己的特长也得不到发挥。下一步该怎么办？他感到十分迷茫和困惑。

思考：

小孙为什么一直找不到适合自己的工作？他应怎么调整？

（二）评估职业生涯

通过"可以做什么"的自我审视，对求职环境或从业环境进行再分析，评估自己的职业生涯的机遇和障碍因素。它是在原定目标和实际情况已有差距，对新目标已经有新想法的基础上进行的。

做一做

项目类型	初次评估内容	重新评估内容
兴趣、爱好		
性格		
价值观		
职业目标分析		
学历与技能水平		
家庭状况		
优势与劣势分析		
面临的机会与挑战分析		

知识链接

职业生涯规划调整"七要"

量己力、衡外情、定目标、选策略、重实践、善反省、再出发

职业生涯规划调整"七问"

1. 自己喜欢的工作到底是什么？
2. 自己的专长是什么？

3. 现在的工作对自己的重要性如何?
4. 有哪些工作机会可供选择?
5. 我将要怎么做?
6. 我的下一个工作将要做什么?
7. 当我做现在的工作时,将为我的下一个工作做哪些准备?

(三)修正职业目标

通过"我为什么干"的自我审视,在重新认识自我和评估职业生涯的基础上,修订职业发展目标。

选择更适合自己的发展方向和发展目标,是调整职业生涯规划的关键。只有在求职或从业实践中得到感悟,才能使职业生涯规划更加符合自身实际。

(四)修订发展措施

通过"应该怎么做"的自我审视,根据修正后的目标的需要,制定新的自我发展措施。

在规划职业生涯时,每过一段时间都应该审视自身条件和外在环境的变化,并且及时调整自己的职业生涯规划。

案 例

为职业生涯修正目标

赵敏的媒体生涯,头一个十年,是中国台湾知名电视节目制作人,"可不管是做节目还是做电视台,我都已经到顶了。"那时候,随时有十几个合约在等她,每个合约都是好几百万元,但她却有强烈的危机感和疲倦感。

1997年赵敏通过日本深度学习之旅,预见结合宽带和3G发展的大媒体潮终将来

临,虽然当时她连计算机键盘都不会用,但她下决心转往宽带企业。当时她已经做到台湾一家电视台节目部总监,却主动要求调到刚刚筹备、前途充满高度不确定的宽带上网服务公司任职。

转到网络业的同时,赵敏重回大学念她的第一个硕士,她的论文就以网络与游戏的整合为题。为此,她还去一家网络游戏公司工作,弄懂了网络,也弄懂了游戏,更结识了游戏产业里的许多人。昔日的老东家看她懂媒体又懂网络,又通过猎头把她挖过来。不过,随着对这个领域愈来愈熟悉,赵敏发现,网络也好,游戏也好,电子商务也好,最后全部会被电信业整合,而电信业需要内容,但两个产业鸿沟太大,连对话都有困难,她决定要做那座桥。

这时台湾岛内也出现一波到内地念EMBA搞人脉的风潮,赵敏如愿到北大光华管理学院后,特地选修"中国电信班",而她在台大EMBA则建立了最重要的电信人脉——碰到台湾省最大的老板。因此蹲马步式的苦学和精准的人脉,使她成功地从媒体转到了热门的电信产业。

思考:

1. 赵敏为什么不想继续往电视节目制作人这个方向发展?
2. 她是怎样成功转入电信业的,对你有什么启示?

影响职业生涯规划变化的因素很多,有的变化因素是可以预测的,而有的变化难以预测。要使职业生涯规划行之有效,就必须不断地对职业生涯规划进行评估、修正,及时调整原定的职业生涯规划。

知识链接

职业生涯规划调整原则:

1. 清晰性原则:考虑目标措施是否清晰明确?实现目标的步骤是否直截了当?
2. 变动性原则:目标或措施是否有弹性或缓冲性?是否能依据环境的变化而调整?
3. 一致性原则:主要目标与分目标是否一致?目标与措施是否一致?个人目标与组织发展目标是否一致?

4. 挑战性原则：目标与措施是否具有挑战性，还是仅保持其原来状况而已？

5. 激励性原则：目标是否符合自己的性格、兴趣和特长？是否能对自己产生内在激励作用？

6. 合作性原则：个人目标与他人目标是否具有合作性与协调性？

7. 全程原则：拟定生涯规划时，必须考虑到生涯发展的整个历程，做全程考虑。

8. 具体原则：生涯规划各阶段的路线划分与安排，必须具体可行。

9. 实际原则：实现生涯目标的途径很多，在做规划时必须要考虑到自己的特质、社会环境、组织环境以及其他相关的因素，选择确定可行的途径。

10. 可评量原则：规划的设计应有明确的时间限制或标准，易评估、检查，使自己随时掌握执行状况，并为规划提供参考依据。

职业生涯规划四步骤和职业生涯规划调整四环节

一、练习

1. 说说为什么要调整职业生涯规划？
2. 如何去调整自己的职业生涯规划？

二、拓展

1. 搜集本学校职业生涯成功者的案例，总结下他们面对变化是怎样进行职业生涯规划的调整与修正的。

2. 针对自己制定的职业生涯规划，结合目前自身条件和外部环境因素的变化，想想应该如何加以调整。

主题14　科学评价职业生涯发展

 **目标导航**

1. 澄清自己的职业价值取向。
2. 认真践行发展措施，学会科学评价自己的职业生涯规划。

议一议

你觉得什么是成功？

一、评价职业生涯成功的不同价值取向

（一）对成功的理解

什么是成功？每个人对成功的认识各不相同。记得有位名人说过成功是相对的，每个人都有自己的成功标准。有的人认为有钱、有房、有车，就是成功；有的人则认为成功是你做了一件你想做的事并且做好了它；有人干脆否认成功的存在，认为这世界上没有成功，只有无止境的追求。虽然人们的理解各不相同，但有一点是共同的，那就是职业生涯的成功能让人产生自我价值实现的成就感，能促进个人素质的进一步提高和潜能的挖掘。

成功，不单是指一种结果，更应该是一个过程，一种进步。在达到预期的目标的过程中所做出的努力，陋习的改变，良好习惯的养成，困难的克服，甚至任何一小点的进步，只要是好的进步都算是成功。

成功指达到或实现某种价值尺度的事情或事件，从而获得预期结果。每个人的成功都需要经历许多次人生的考验，只有通过了不同考验的人才能证明你的实力，成功包括精神与物质两方面，它需要天时、地利、人和相互配合，其实只要每个人根据自己的目标，不断地去奋斗，体现出自我的价值，无论结局如何你都是成功的人。

> **知识链接**
>
> 成功的公式　目标＋计划＋行动＝成功

> **案　例**
>
> 成功在于坚持
>
> 一百多年前，一位穷苦的牧羊人带着两个幼小的儿子以替别人放羊为生。
>
> 有一天，他们赶着羊来到一个山坡上，一群大雁鸣叫着从他们头顶飞过，并很快消失在远方。牧羊人的小儿子问父亲："大雁要往哪里飞？"牧羊人说："它们要去一个温暖的地方，在那里安家，度过寒冷的冬天。"大儿子眨着眼睛羡慕地说："要是我也能像大雁那样飞起来就好了。"小儿子也说："要是能做一只会飞的大雁该多好啊！"
>
>
>
> 牧羊人沉默了一会儿，然后对两个儿子说："只要你们想，你们也能飞起来。"
>
> 两个儿子试了试，都没能飞起来，他们用怀疑的眼神看着父亲，牧羊人说："让我飞给你们看。"于是他张开双臂，但也没能飞起来。可是，牧羊人肯定地说："我因为年纪大了才飞不起来，你们还小，只要不断努力，将来就一定能飞起来，去想去的地方。"
>
> 两个儿子牢牢记住了父亲的话，并一直努力着，等他们长大——哥哥36岁，弟弟32岁时——他们果然飞起来了，因为他们发明了飞机。这两个人就是美国的莱特兄弟。
>
> 心若在，梦就在；用心灌溉，梦想之花终会开。

（二）个人取向

我们在设计职业生涯规划时，要考虑自己职业成功的价值取向，思考自己的工作目的和意义，只有这样，你才能感受到工作的快乐，体会到成功的喜悦。

在职业生涯发展过程中，应该不断审视自我，逐步明确个人的需求与追求，明确自己的优势所在以及今后发展的重点，并且针对自己对职业生涯成功的追求，自觉改善、增强和发展自身的能力，找到自己的职业定位。

职业生涯成功的价值取向在于把我们个人的发展和社会、国家的发展结合起来，使自己的职业生涯规划得到升华，形成正确的就业观、择业观和成才观。成功的职业生涯规划不仅使个人得到发展，而且要和社会发展相一致，在社会进步中实现人生价值。

知识链接

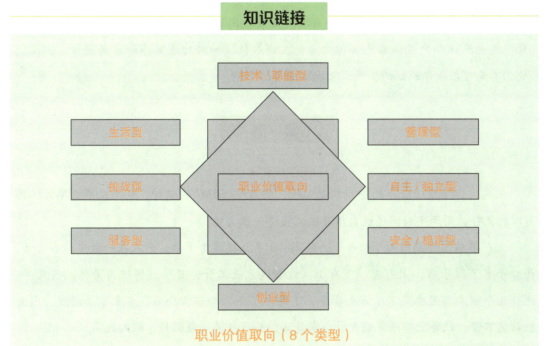

职业价值取向（8个类型）

1. 技术/职能型：追求在技术/职能领域的成长和技能的不断提高，以及应用这种技术/职能的机会，喜欢面对专业领域的挑战，通常不喜欢从事管理工作。

2. 管理型：追求职务晋升，喜欢独立负责一个部门，想承担整体责任，把整体成功看成自己的工作。将具体技术工作仅看作通向管理层的路径。

3. 自主/独立型：希望随心所欲安排自己的工作方式、工作习惯和生活方式，追求能施展个人能力的工作环境，最大限度地摆脱组织和制约，甚至宁愿为此放弃晋升机会。

4. 安全/稳定型：追求工作的安全与稳定感，为能够预测到稳定的将来而感到放松，关心退休金和退休计划。为此，他们能忠诚地完成老板交代的工作，尽可能晋升高的职位，但不关心具体的职位和工作内容。

5. 创业型：希望创建自己的公司或开发完全属于自己的产品（或服务），愿意冒风险，勇于克服困难，努力学习创业本领，并找寻创业机会。

6. 服务型：认同"帮助他人"的核心价值观，乐于为他人服务。为此，他们会拒绝不允许他们实现这种价值的变动或工作提升。

7. 挑战型：喜欢解决看上去无法解决的问题，战胜强硬的对手，克服困难，去战胜各种不可能。他们需要新奇、变化和困难，认为如果事情非常容易，工作会变得令人厌烦。

8. 生活型：喜欢在工作、家庭和自我发展之间取得平衡，以使工作不至于变得太紧张或太乏味，更关注自己如何生活、在哪居住、如何处理家务和自我提升。为此，他们甚至可以放弃职位的提升，来换取三者的平衡。

案 例

事业？家庭？

张先生，毕业于北京的一所职业学校，凭着吃苦好学的精神，利用在事业单位工作时间的优势，用两年时间通过自学考试又获得一张文凭。

他在单位工作期间由于业务能力较高，3年就提拔为干部。爱人在一所中学当老师，两口子有了孩子后，上有老，下有小，就靠这点死工资，日子过得较为紧张。前几年，他从几个朋友那里凑足了1万元资金，下海办了个广告咨询公司，当上了总经理。因为他社交不错，社会上有很多朋友，办事灵活，公司经济效益很好，收入较高。

但钱赚到手了，家又顾不上了。晚上回到家，非常累，想躺会儿，手机又响了起来，根本谈不上有星期天，结果闹得爱人有了意见，说钱再多，身体搞垮了，还有什么意思？孩子也埋怨整天见不到爸爸，就连个家长会都没有时间参加。

他琢磨了好久，再也不想东奔西跑了，只想找个稳定工作，与家人同享天伦之乐。

思考：

从张先生最终的选择我们可以看出他的职业生涯成功方向是什么？结合案例，说明职业生涯成功方向测评有什么作用？

二、评价职业生涯发展的要素

对职业生涯的发展做出科学的评价，有助于我们确立正确的职业理想，制定科学的职业发展目标，顺应社会发展的要求，充分发挥自己的优势和潜能，从而实现我们的人生价值，走向成功。

对职业生涯发展的评价我们要考虑一下几个方面：

第一，是否符合我的职业价值观。

第二，是否符合我的职业技能。

第三，是否挖掘了我的职业优势。

第四，是否符合社会发展需求。

上述要素对职业发展的影响作用是各不相同的，它融于职业发展的各个关节中，我们应该正确理解和评价这些要素，认真考虑它们对职业生涯发展的重要作用，学会用它来评价我们的职业生涯。

写一写

职业生涯发展要素测评表

评价内容	测评问题	回答内容	结果分析
是否符合我的职业价值观	1.我非常期待这份工作吗？ 2.我会全身心地投入这份工作吗？		
是否符合我的职业技能	1.我的强势和优势都能得到充分施展吗？ 2.我能胜任这份工作吗？		
是否挖掘了我的职业优势	1.我能利用的职业资源有哪些？ 2.我还能挖掘出哪些职业资源？		
是否符合社会发展	1.这个行业未来的发展前景如何？ 2.这个行业的社会需求数量和空间有多大？		

三、评价自己的职业生涯规划

（一）自我评价

职业生涯规划要根据自己的个人价值观、知识、水平、能力来设计，我们在评价时要抓住职业生涯规划的灵魂——发展，始终围绕规划能否促进我们各方面的提高，进而实现自己的职业生涯规划。

写一写

序号	评估内容	标准	是否达标 是	是否达标 否	备注
1	自身优劣分析	运用了SWOT分析法			
		运用了其他分析方法			
		所提供的选项都进行了认真分析			
		具体			
		量化			
2	职业环境分析	所提供的选项都进行了认真分析			
		具体			
		量化			
3	目标	具体			
		量化			
		有明确的时限			
		可操作			
		可实现			
4	措施	具体			
		量化			
		有明确的时限			
		可操作			
		可实现			
5	各种行动计划	运用SWOT方法进行现状分析			
		目标是SMART目标			
		措施可行有效			
		以上三者逻辑关系清晰			
综合评价					

（二）他人评价

我们对自己的职业生涯规划评价未必准确、客观，同时对职业了解不深，缺乏工作经历和社会经验，为了保证职业规划能够真正落实和真正适合自己，我们可以借助他人的智慧和力量，根据他们的指导和建议修改自己的职业规划。

职业生涯规划设计评价表

评价内容	评分要点	分值	自我评价	他人评价	
				同学	老师
自我认知（25分）	1. 自我分析清晰、全面、深入、客观，能清楚地认识到自己的优势和劣势				
	2. 综合客观地评价自我，对职业兴趣、职业能力、行为风格、职业价值观的分析全面、到位				
	3. 从兴趣爱好、成长经历、社会实践中分析自我				
职业认知（25分）	1. 了解社会的整体就业趋势，并且了解中职生的就业状况				
	2. 对目标行业发展前景及现状了解清晰，并且了解行业中的就业需求				
	3. 对行业的人力资源管理战略、企业文化等的分析，能做到"人企匹配"				
	4. 对目标职位的工作职责、任职者所需技能等的分析，能做到"人岗匹配"				
	5. 通过对外部环境的分析，能清楚地认识到自己面临的机会、挑战				
职业目标设计（15分）	1. 职业目标确定和发展路径设计要符合外部环境和个人特质（兴趣、技能、个性、价值观），要符合实际、可执行、可实现				
	2. 职业发展路径符合现实、职业目标，具有可操作性和竞争力				
	3. 能用长远的眼光设定职业目标，并将总目标划分成几个阶段性目标来实现				
规划与实施计划（15分）	1. 行动计划清晰、可操作性强				
	2. 行动计划在保持个人优势、全面提升个人竞争力方面针对性强				
	3. 近期计划详尽，中期计划清晰并具有灵活性，长期计划具有方向性				
评估与调整（10分）	1. 对行动计划和职业目标建立评估方案，如：要达到什么标准，评估的要素是什么				
	2. 对职业路径进行可行的调整，备选方案也能充分根据个人与环境的评估进行分析确定				
思路和逻辑（5分）	职业生涯规划书思路清晰、逻辑合理，能准确把握职业规划设计的核心与关键				
美观性（5分）	设计清晰美观，创意新颖				
总分					

所有的规划和具体行动都具有一定的灵活性，在原有判断和规划的基础上，我们应该学会根据环境的变化和目标执行的情况，不断地调整和修正自己的职业生涯规划，使之对我们的职业生涯发展真正起到促进的作用。

一、练习
如何科学评价自己的职业生涯规划？

二、拓展
1.课后和同学们讨论什么是职业生涯的成功，职业生涯的成功包含哪几项。
2.正确评价自己的职业生涯规划。